湖南省地方标准

高速公路机电工程概预算编制办法及定额

Estimating & Budgeting Methods & Quota for Expressway Electrical & Mechanical Projects

DB 43/T 859—2014

主编单位：湖南省交通运输厅交通建设造价管理站
批准部门：湖南省质量技术监督局
实施日期：2014 年 2 月 17 日

人民交通出版社

图书在版编目(CIP)数据

湖南省地方标准 DB 43/T 859—2014 高速公路机电工程概预算编制办法及定额 / 湖南省交通运输厅交通建设造价管理站主编. —北京：人民交通出版社，2014.4

ISBN 978-7-114-11233-1

Ⅰ.①湖… Ⅱ.①湖… Ⅲ.①高速公路—机电工程—概算编制—地方标准—湖南省②高速公路—机电工程—预算编制—地方标准—湖南省③高速公路—机电工程—概算定额—地方标准—湖南省④高速公路—机电工程—预算定额—地方标准—湖南省 Ⅳ.①U412.36-65

中国版本图书馆 CIP 数据核字(2014)第 039418 号

湖南省地方标准(DB 43/T 859—2014)

书　　名：	高速公路机电工程概预算编制办法及定额
著　作　者：	湖南省交通运输厅交通建设造价管理站
责任编辑：	卢仲贤
出版发行：	人民交通出版社
地　　址：	(100011)北京市朝阳区安定门外外馆斜街 3 号
网　　址：	http://www.ccpress.com.cn
销售电话：	(010)59757973
总　经　销：	人民交通出版社发行部
经　　销：	各地新华书店
印　　刷：	北京市密东印刷有限公司
开　　本：	880×1230　1/16
印　　张：	4
版　　次：	2014 年 4 月　第 1 版
印　　次：	2014 年 4 月　第 1 次印刷
书　　号：	ISBN 978-7-114-11233-1
定　　价：	40.00 元

(有印刷、装订质量问题的图书由本社负责调换)

DB 43/T 859—2014

目　次

前言 .... Ⅲ
1 范围 1
2 规范性引用文件 1
3 总则 1
4 概、预算编制办法 2
　4.1 概、预算编制方法 2
　4.2 概、预算费用标准和计算方法 8
5 清单预算编制办法 26
　5.1 清单预算编制方法 26
　5.2 清单预算计算方法 28
附录 A（规范性附录） 湖南省高速公路机电工程概算定额（单独成册） 34
附录 B（规范性附录） 湖南省高速公路机电工程预算定额（单独成册） 34
附录 C（规范性附录） 冬雨季及夜间施工增工百分率 34
附录 D（规范性附录） 机电工程概、预算项目表 35
附录 E（规范性附录） 概（预）算表格样式 39
附录 F（规范性附录） 机电工程清单样表 47
附录 G（规范性附录） 清单预算表格样式 49

Ⅰ

前　言

本标准按照 GB/T 1.1—2009《标准化工作导则 第 1 部分:标准的结构和编写》给出的规则起草。

本标准附录 A、附录 B、附录 C、附录 D、附录 E、附录 F、附录 G 为规范性附录,附录 A、附录 B 单独成册。

本标准由湖南省交通运输厅交通建设造价管理站提出。

本标准由湖南省交通运输厅归口。

本标准主要起草单位:湖南省交通运输厅交通建设造价管理站、中咨泰克交通工程有限公司

本标准主要起草人:邹苏华　欧阳晓英　李冬陵　苏太胜　赵　华　李凤求　徐　宏
　　　　　　　　　唐文英　周景阳　肖　滨　李明德　丁加明　杨　莉　陈珊玲
　　　　　　　　　颜赛清　李红芳　赵立新　孙林芳

高速公路机电工程概预算编制办法及定额

1 范围

本标准包括《高速公路机电工程概预算编制办法及定额》的总则、概预算编制办法、招标清单预算编制办法。

本标准适用于新建、扩建和改建(含技术改造项目)的高速公路机电工程项目以及交通信息化工程的初步设计概算、施工图设计预算、招标文件清单预算的编制,同时适用于湖南省内高速公路机电工程建设、设计、咨询、施工、监理、审计等工程项目。

本标准编制范围包括收费系统、通信系统、监控系统、供电照明系统、隧道通风系统,不包括收费岛土建、通信管道等土建类工程和消防系统工程。

2 规范性引用文件

下列文件对于本标准的应用是必不可少的。凡是注日期的引用文件,仅所注日期的版本适用于本标准。凡是不注日期的引用文件,其最新版本(包括所有的修改单)适用于本标准。

JTG B06—2007 《公路工程基本建设项目概算预算编制办法》
JTG/T B06-02—2007 《公路工程预算定额》
JTG/T B06—03—2007 《公路工程机械台班费用定额》

3 总则

3.1 为了适应湖南省高速公路机电工程发展需要,合理确定和有效控制机电工程建设投资,统一机电工程概预算文件的编制内容、深度及表现形式,规范湖南省机电工程招标项目清单预算的编制工作,结合湖南省高速公路机电工程的具体情况,制定湖南省地方标准《高速公路机电工程概预算编制办法及定额》(以下简称"本办法")。

3.2 湖南省高速公路机电工程定额包括概算定额和预算定额两部分,适用于湖南省新建、扩建和改建(含技术改造项目)的高速公路机电工程项目以及交通信息化工程的初步设计概算、施工图设计预算、招标文件清单预算的编制和管理;其他公路机电工程可参照本办法执行。机电工程中涉及到土建工程时,按照交通运输部相关编制办法编制。

3.3 概算或修正概算是初步设计文件或技术设计文件的重要组成部分。概算经批准后是基本建设项目投资最高限额,是编制建设项目投资计划、确定和控制建设项目投资的依据,是控制施工图设计和施工图预算的依据,是衡量设计方案经济合理性和选择最佳设计方案的依据,是考核建设项目投资效果的依据。

以批准的初步设计进行施工招标的工程,其标底或造价控制值应在批准的总概算范围内。

概算应严格控制在批准的建设项目可行性研究报告投资估算允许浮动幅度范围内。

3.4 预算是施工图设计文件的重要组成部分,是设计阶段控制工程造价的主要指标。预算经审定后,是确定工程造价、编制或调整固定资产投资计划和考核工程成本的依据。

以施工图设计进行施工招标的工程,经审定后的施工图预算是编制标段清单预算、工程标底或造价控制值的依据,也是分析、考核施工企业投标报价合理性的参考。

对不宜实行招标而采用施工图预算加调整价结算的工程,经审定后的施工图预算可作为确定合同价款的基础或作为审查施工企业提出的施工预算的依据。

施工图预算是考核施工图设计经济合理性的依据。施工图预算应控制在批准的初步设计及其概算范围之内。

3.5 清单预算经批准后,是编制机电工程施工招标造价控制值的依据,造价控制值应在批准的清单预算范围内。清单预算一般应控制在批准的施工图设计及其预算范围之内。

3.6 概预算、清单预算均由有资质的设计、工程(造价)咨询单位负责编制,工程造价人员,必须持有公路工程造价人员执业资格证书,并保证工程造价编制文件的质量。

如一个机电工程项目由两个或以上设计单位设计时,汇总单位应负责编制原则和依据、工程设备与材料价格、取费标准等的协调与统一,汇编总概(预)算书,并对全部概(预)算的编制质量负责。

3.7 机电工程概算编制必须严格执行国家的方针、政策和有关制度,符合公路机电工程设计、施工技术规范,严格执行湖南省高速公路机电工程概预算编制办法。文件应达到的质量要求是:符合规定、结合实际、经济合理、提交及时、不重不漏、计算准确、字迹(打印)清晰、装订整齐完整。

3.8 本办法应结合《湖南省高速公路常用机电设备和材料参考价格》使用。《湖南省高速公路常用机电设备和材料参考价格》由湖南省交通运输厅交通建设造价管理站根据实际情况适时调整并发布。

4 概、预算编制办法

机电工程基本建设项目概算、预算应分别以《湖南省高速公路机电工程概算定额》、《湖南省高速公路机电工程预算定额》为依据。编制概、预算时,应根据概、预算定额规定的各工程项目的人工、材料、机械台班消耗量及本办法概、预算费用标准和计算方法中规定的概、预算编制时根据工程所在地的人工工日单价、材料预算单价和机械台班单价计算出各工程项目的工、料、机费用,并按本办法的规定计算各项费用。

4.1 概、预算编制方法

4.1.1 概、预算编制依据

4.1.1.1 概算(或修正概算)编制依据

a) 国家发布的有关法律、法规、规章、规程等;
b) 批准的可行性研究报告中投资估算(修正概算时为初步设计文件概算)等有关资料;
c) 已获湖南省交通运输厅批准的《湖南省高速公路机电工程概算定额》、《湖南省高速公路机电工程预算定额》及本办法;
d) 现行的《公路工程概算定额》(JTG/T B06-2001)、《公路工程预算定额》(JTG/T B06-2002)、《公路工程机械台班费用定额》(JTG/T B06-2003)及《公路工程基本建设项目概算预算编制办法》(JTG B06—2007);
e) 湖南省交通运输厅现有的关于湖南省公路工程基本建设项目人工工日单价及规费标准的通知;
f) 初步设计(或技术设计)图纸等设计文件;
g) 工程所在地的人工、材料、机械及设备预算价格等;
h) 工程所在地的自然、技术、经济条件等资料;
i) 工程施工方案;
j) 有关合同、协议等;

k) 其他有关资料。

4.1.1.2 预算编制依据

a) 国家发布的有关法律、法规、规章、规程等；
b) 批准的初步设计文件概算（或技术设计文件修正概算，若有）等有关资料；
c) 已获湖南省交通运输厅批准的《高速公路机电工程预算定额》及本办法；
d) 现行的《公路工程预算定额》（JTG/T B06—2002）、《公路工程机械台班费用定额》（JTG/T B06—2003）及《公路工程基本建设项目概算预算编制办法》（JTG B06—2007）。
e) 湖南省交通运输厅现行发布的"关于'湖南省公路工程基本建设项目人工工日单价及规费标准'的通知"；
f) 施工图设计图纸等设计文件；
g) 工程所在地的人工、材料、机械及设备预算价格等；
h) 工程所在地的自然、技术、经济条件等资料；
i) 工程施工组织设计或施工方案；
j) 有关合同、协议等；
k) 其他有关资料。

4.1.2 概、预算文件的组成

概、预算文件由封面及目录，编制说明及全部概、预算计算表格组成。

4.1.2.1 封面及目录

概、预算文件的封面和扉页应按《公路工程基本建设项目设计文件编制办法》中的规定制作，扉页的次页应有建设项目名称，编制单位，编制、审核人员姓名、编制日期及第几册共几册等内容。目录应按概、预算表的表号顺序编排。

4.1.2.2 概、预算编制说明

概、预算编制完成后，应写出编制说明，文字力求简明扼要。其应叙述的内容一般有：

a) 工程概况（包含的内容）及概预总造价；
b) 建设项目设计资料的依据及有关文号；
c) 采用的定额、费用标准，人工、材料、机械台班单价的依据或来源，补充定额及编制依据的详细说明；
d) 与概、预算有关的委托书、协议书、会议纪要的主要内容；
e) 投资分析，指出各分系统技术经济指标；
f) 其他与概、预算有关但不能在表格中反映的事项。

4.1.2.3 概、预算表格

公路机电工程概、预算应按统一的概、预算表格计算（表格样式见附录E）。

4.1.2.4 甲组文件与乙组文件

概、预算文件按不同的需要分为甲组文件与乙组文件。甲组文件为各项费用计算表，乙组文件为建筑安装工程费各项基础数据计算表，见图1。报送文件时，甲组文件必须全部提交，乙组文件应根据审批部门或建设项目业主单位的要求全部提供或提供其中的几种。

概、预算应按一个建设项目进行编制。当一个建设项目需要分段或分部编制时，应根据需要分别编制，但必须汇总编制"总概（预）算汇总表"。

```
                   ┌ 概预算编制说明
                   │ 总概(预)算汇总表(01-1表)
                   │ 总概(预)算人工、主要材料、机械台班数量汇总表(02-1表)
                   │ 总概(预)算表(01表)
                   │ 人工、主要材料、机械台班数量汇总表(02表)
                   │ 建筑安装工程费计算表(03表)
         甲组文件 ┤ 其他工程费及间接费综合费率计算表(04表)
                   │ 设备、工具、器具购置费计算表(05表)
                   │ 工程建设其他费用及回收金额计算表(06表)
                   │ 人工、材料、机械台班单价汇总表(07表)
                   │ 交通工程机电工程主要材料、设备、工具、器具购置费汇总表(A表)
                   │ 各系统交通工程设备、工具、器具购置费计算表(B表)
                   └ 各系统交通工程建筑安装工程主要材料费计算表(C表)

                   ┌ 建筑安装工程费计算数据表(08-1表)
         乙组文件 ┤ 分项工程概(预)算表(08-2表)
                   │ 材料预算单价计算表(09表)
                   └ 机械台班单价计算表(11表)
```

图1 概(预)算编制甲、乙组文件包括的内容

4.1.3 概、预算项目

概、预算项目应按项目表的序列及内容编制,如实际出现的工程和费用项目与项目表的内容不完全相符时,一、二、三部分和"项"的序号应保留不变,"目"、"节"、"细目"可随需要增减,并按项目表的顺序以实际出现的"目"、"节"、"细目"依次排列。如第二部分设备及工具、器具购置费在该项工程中不发生时,第三部分工程建设其他费用仍为第三部分。同样,路线工程第一部分第六项为隧道工程,第七项为公路设施及预埋管线工程,若无隧道工程项目,但其序号仍保留,公路设施及预埋管线工程仍为第七项。

机电工程概、预算项目主要包括以下内容:

第一部分 建筑安装工程费
 第六项 隧道工程
  第X分项 隧道机电工程
   隧道通风系统设施
   隧道供电照明系统设施
 第七项 公路设施及预埋管线工程
  第三分项 管理、养护设施
   收费系统设施
   通信系统设施
   通信管道工程
   监控系统设施(含隧道监控、土建)
   主线供电照明系统设施

第二部分 设备及工具、器具购置费
 一、设备购置费

(一)需要安装的设备购置费,由于所应用的程序的原因,以下顺序可以适当调整。

1. 监控系统设备
1)监控系统设备购置费
2)监控系统软件费
2. 通信系统设备
1)通信系统设备购置费
2)通信系统软件费
3. 收费系统设备
1)收费系统设备购置费
2)收费系统软件费
4. 供电照明系统设备
1)主线供电照明系统设备购置费
2)隧道供电照明系统设备购置费
3)供电照明系统软件费
5. 通风系统设备
1)隧道通风系统设备购置费
6. 其他系统设备购置费

(二)不需要安装的设备购置费,由于所应用的程序的原因,以下顺序可以适当调整。

1. 监控系统备品备件费
2. 通信系统备品备件费
3. 收费系统备品备件费
4. 供电照明系统备品备件费
1)主线供电照明系统备品备件费
2)隧道供电照明系统备品备件费
5. 隧道通风系统备品备件费
6. 养护及管理设备购置费
7. 其他备品备件费

第三部分　工程建设其他费用

第四部分　预备费及新增加费用项目(不作预备费基数)

4.1.4 概、预算费用的组成

机电工程分为新建工程和机电改造专项工程两类,概、预算费用的组成分别见图2、图3。

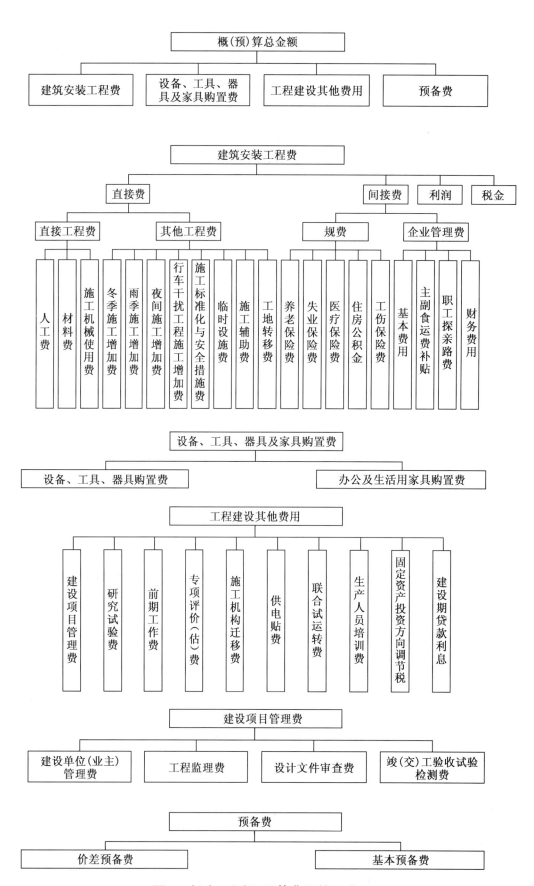

图2 新建工程概、预算费用的组成

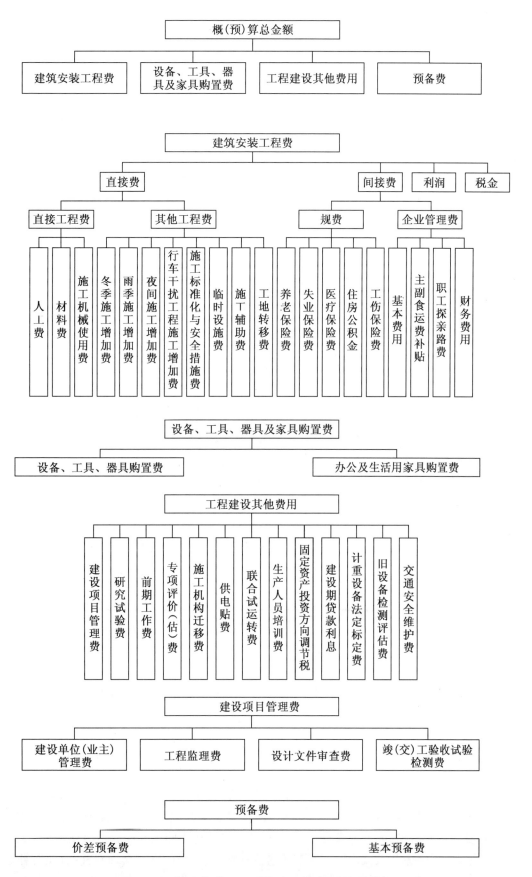

图 3 机电改造专项工程概、预算费用的组成

4.2 概、预算费用标准和计算办法

4.2.1 建筑安装工程费

建筑安装工程费包括直接费、间接费、利润及税金。

其他工程费及间接费取费标准的工程类别划分见表1。

表1 工程类别划分表

序 号	类 别 名 称	机电工程使用情况	常 用 内 容
1	人工土方	不常用	电缆直埋、管道等的土方工程
2	机械土方	不常用	
3	汽车运输	基本不用	
4	人工石方	基本不用	
5	机械石方	基本不用	
6	高级路面	基本不用	
7	其他路面	不常用	
8	构造物Ⅰ	常用	机电工程中光电缆线路以及除设备外大部分构造物工程
9	构造物Ⅱ	基本不用	
10	构造物Ⅲ	不常用	
11	技术复杂大桥	基本不用	
12	隧道	常用	隧道内机电预留预埋
13	钢材及钢结构	不常用	钢筋、金属支架
14	设备安装	常用	机电设备
15	室内管道	不常用	
16	金属标志牌等	不常用	

4.2.1.1 直接费

直接费由直接工程费和其他工程费组成。

4.2.1.1.1 直接工程费

直接工程费是指公路施工过程中耗费的构成工程实体和有助于工程形成的各项费用,包括人工费、材料费、施工机械使用费。

4.2.1.1.1.1 人工费

人工费系指列入概、预算定额的直接从事建筑安装工程施工的生产工人开支的各项费用,其内容包括:

a) 基本工资。系指发给生产工人的基本工资、流动施工津贴及生产工人劳动保护费。
   生产工人劳动保护费,系指按国家有关部门规定标准发放的劳动保护用品的购置费及修理费、徒工服装补贴、防暑降温费、在有碍身体健康环境中施工的保健费用等。

b) 工资性补贴。系指按规定标准发放的物价补贴,煤、燃气补贴,交通费补贴,住房补贴,各类特殊地区津贴、补贴等。

c) 生产工人辅助工资。系指生产工人年有效施工天数以外非作业天数的工资,包括开会和执行

必要的社会义务时间的工资,职工学习、培训期间的工资,调动工作、探亲、休假期间的工资,因气候影响停工期的工资,女工哺乳期间的工资,病假在6个月以内的工资及产、婚、丧假期的工资。

d) 职工福利费。系指按国家规定标准计提的职工福利费。

人工费以概、预算定额人工工日数乘以人工工日单价计算。

根据湖南省交通运输厅文件《湖南省交通运输厅关于调整湖南省公路工程基本建设项目人工工日单价及税金的通知》(湘交造价[2013]332号),人工工资(含机械工)按68.91元/工日,今后将按国家人工工资政策的变化按时测算并定期发布。

4.2.1.1.1.2 材料费

材料费系指施工过程中耗用的构成工程实体的原材料、辅助材料、构(配)件、零件、半成品、成品的用量和周转材料的摊销量,按工程所在地的材料概、预算价格计算的费用。

$$材料费 = 工程量 \times 材料定额消耗量 \times 材料概(预)算单价 \tag{1}$$

材料分为两类:土建类材料、机电工程专用材料。

a) 对于钢材等土建类材料按交通运输部规定计算材料预算单价。

$$材料预算价格 = (材料原价 + 运杂费) \times (1 + 场外运输损耗率) \times \\ (1 + 采购及保管费率) - 包装品回收价值 \tag{2}$$

1) 材料原价

各种土建类材料原价按交通运输部规定计算。

2) 运杂费

通过铁路、水路和公路运输部门运输的材料,按铁路、航运和当地交通部门规定的运价计算运费。

施工单位自办的运输,单程运距15km以上的长途汽车运输按当地交通部门规定的统一运价计算运费;单程运距5~15km的汽车运输按当地交通部门规定的统一运价计算运费。当工程所在地交通不便、社会运输力量缺乏时,如边远地区和某些山岭区,允许按当地交通部门规定的统一运价加50%计算运费;单程运距5km及以内的汽车运输以及人力场外运输,按预算定额计算运费,其中人力装卸和运输另按人工费加计辅助生产间接费。

一种材料如有两个以上的供应点时,都应根据不同的运距、运量、运价采用加权平均的方法计算运费。

由于预算定额中汽车运输台班已考虑工地便道特点,以及定额中已计入了"工地小搬运"项目,因此平均运距中汽车运输便道里程不得乘调整系数,也不得在工地仓库或堆料场之外再加场内运距或二次倒运的运距。

有容器或包装的材料及长大轻浮材料,应按表2规定的毛重计算。桶装沥青、汽油、柴油按每吨摊销一个旧汽油桶计算包装费(不计回收)。

表2 材料毛重系数及单位毛重表

材料名称	单 位	毛重系数	单位毛重
爆破材料	t	1.35	—
水泥、块状沥青	t	1.01	—
铁钉、铁件、焊条	t	1.10	—
液体沥青、液体燃料、水	t	桶装1.17,油罐车装1.00	—
木料	m³	—	1.000t
草袋	个	—	0.004t

3) 场外运输损耗

$$场外运输损耗费 = (材料原价 + 运杂费) \times 场外运输损耗率 \tag{3}$$

材料场外运输操作损耗率见表3。

表3 材料场外运输操作损耗率表（%）

材料名称		场外运输（包括一次装卸）	每增加一次装卸
块状沥青		0.5	0.2
石屑、碎砾石、砂砾、煤渣、工业废渣、煤		1.0	0.4
砖、瓦、桶装沥青、石灰、黏土		3.0	1.0
草皮		7.0	3.0
水泥（袋装、散装）		1.0	0.4
砂	一般地区	2.5	1.0
	多风地区	5.0	2.0

注：汽车运水泥，如运距超过500km时，增加损耗率：袋装0.5%。

  4） 采购及保管费
    采购及保管费 =（材料原价 + 运杂费 + 场外运输损耗费）× 采购及保管费率   （4）
材料采购及保管费费率一般为2.5%。
外购的构件、成品及半成品的采购保管费率为1%。
商品混凝土的采购保管费率为0。
 b） 机电工程专用材料按照信息产业部规定计算材料概、预算单价。
    材料概、预算价格 = 材料原价 + 运杂费（运输费 + 装卸费 + 搬运费）+
    运输保险费 + 采购及保管费   （5）
  1） 材料原价
    材料原价 = 出厂价（或供货地点价）+ 包装费 + 手续费   （6）
  2） 运杂费
    运杂费 = 材料原价 × 运杂费费率   （7）
运杂费费率见表4。初步设计概算按1500km计列。

表4 材料运杂费费率表

费率(%) 项目名称 运输里程(km)	光缆	电缆、电工器材	阀门、焊接管件材料等金属	塑料、橡胶、保温材料
100以内	1.0	1.5	3.6	4.3
101～200	1.1	1.7	4.0	4.8
201～300	1.2	1.9	4.5	5.4
301～400	1.3	2.1	4.8	5.8
401～500	1.4	2.4	5.4	6.5
501～750	1.7	2.6	6.3	—
751～1000	1.9	3.0	7.2	—
1001～1250	2.2	3.4	8.1	—
1251～1500	2.4	3.8	9.0	—
1501～1750	2.6	4.0	9.6	—
1751～2000	2.8	4.3	10.2	—
2000以上每增加250增加	0.2	0.3	0.6	—

3) 运输保险费

运输保险费以材料原价为基数,乘以运输保险费率,保险费费率按1%计取。

4) 采购及保管费

采购及保管费以材料原价为基数,乘以采购及保管费率采购及保管费费率按2.4%计取。

4.2.1.1.1.3 施工机械使用费

$$施工机械使用费 = 工程量 \times 机械定额消耗量 \times 机械台班预算单价 \quad (8)$$

$$\begin{aligned}机械台班预算单价 &= 不变费用 + 可变费用 \\ &= 折旧费 + 大修理费 + 经常修理费 + 安装拆卸及辅助设施费 + \\ &\quad 机上人员人工费 + 动力燃料费 + 养路费(暂列为0) + \\ &\quad 车船使用税\end{aligned} \quad (9)$$

施工机械台班预算价格应按交通运输部公布的现行《公路工程机械台班费用定额》(JTG/T B06-2003)计算。台班人工费工日单价同生产工人人工费单价。动力燃料费用则按材料费的规定计算。

4.2.1.1.2 其他工程费

其他工程费系指直接工程费以外施工过程中发生的直接用于公路工程的费用,内容包括冬季施工增加费、雨季施工增加费、夜间施工增加费、行车干扰工程施工增加费、施工标准化及安全措施费、临时设施费、施工辅助费、工地转移费。其他工程费的内容均按部颁编制办法中有关规定,费率见表5。

表5 其他工程费费率表(%)

序号	工程类别	冬季施工增加费	雨季施工增加费	夜间施工增加费	行车干扰工程施工增加费	施工标准化与安全措施费	临时设施费	施工辅助费	工地转移费
1	人工土方	—	0.31	—		0.70	1.73	0.89	
2	机械土方	—	0.32	—		0.70	1.56	0.49	
3	汽车运输	—	0.32	—		0.25	1.01	0.16	
4	人工石方	—	0.23	—		0.70	1.76	0.85	
5	机械石方	—	0.29	—		0.70	2.17	0.46	
6	高级路面	0.06	0.29	—		1.18	2.11	0.80	
7	其他路面	—	0.28	—		1.20	2.06	0.74	
8	构造物Ⅰ	0.06	0.23	—	见表6	0.85	2.92	1.30	见表7
9	构造物Ⅱ	0.08	0.25	0.35		0.92	3.45	1.56	
10	构造物Ⅲ	0.15	0.52	0.70		1.85	6.39	3.03	
11	技术复杂大桥	0.08	0.29	0.35		1.01	3.21	1.68	
12	隧道	—	—	—		0.86	2.83	1.23	
13	钢材及钢结构			0.35		0.63	2.73	0.56	
14	设备安装工程	0.15				0.93	6.39	3.03	
15	室内管道	0.06				0.85	2.92	1.30	
16	金属标志牌安装	—				0.63	2.73	0.56	

表6 行车干扰工程施工增加费费率表(%)

工程类别	施工期间平均每昼夜双向行车次数(汽车、畜力车合计)							
	51~100	101~500	501~1000	1001~2000	2001~3000	3001~4000	4001~5000	5000以上
人工土方	1.64	2.46	3.28	4.10	4.76	5.29	5.86	6.44
机械土方	1.39	2.19	3.00	3.89	4.51	5.02	5.56	6.11
汽车运输	1.36	2.09	2.85	3.75	4.35	4.84	5.36	5.89
人工石方	1.66	2.40	3.33	4.06	4.71	5.24	5.81	6.37
机械石方	1.16	1.71	2.38	3.19	3.70	4.12	4.56	5.01
高级路面	1.24	1.87	2.50	3.11	3.61	4.01	4.45	4.88
其他路面	1.17	1.77	2.36	2.94	3.41	3.79	4.20	4.62
构造物Ⅰ	0.94	1.41	1.89	2.36	2.74	3.04	3.37	3.71
构造物Ⅱ	0.95	1.43	1.90	2.37	2.75	3.06	3.39	3.72
构造物Ⅲ	0.95	1.42	1.90	2.37	2.75	3.05	3.38	3.72
技术复杂大桥	—	—	—	—	—	—	—	—
隧道	—	—	—	—	—	—	—	—
钢材及钢结构								
设备安装工程	0.95	1.42	1.90	2.37	2.75	3.05	3.38	3.72
室内管道	—	—	—	—	—	—	—	—
金属标志牌安装	—	—	—	—	—	—	—	—

4.2.1.1.2.1 冬季施工增加费

冬季施工增加费以各类工程的直接工程费之和为基数,按湖南省所在地的准一气温区,按表5的费率计算。

4.2.1.1.2.2 雨季施工增加费

雨季施工增加费以各类工程的直接工程费之和为基数,湖南省所在地的Ⅱ雨量区,雨季期6个月,按表5的费率计算。室内管道及设备安装工程不计雨季施工增加费。

4.2.1.1.2.3 夜间施工增加费

夜间施工增加费按夜间施工工程项目的直接工程费之和为基数,按表5的费率计算。设备安装工程不计夜间施工增加费。

4.2.1.1.2.4 行车干扰工程施工增加费

行车干扰工程施工增加费以受行车影响部分的工程项目的人工费和机械使用费之和为基数,按表6的费率计算。

4.2.1.1.2.5 施工标准化与安全措施费

施工标准化与安全措施费以各类工程的直接工程费之和为基数,按表5的费率计算。设备安装工程按构造物Ⅲ费率的50%计算。

4.2.1.1.2.6 临时设施费

临时设施费以各类工程的直接工程费之和为基数,按表5的费率计算。

4.2.1.1.2.7 施工辅助费

施工辅助费以各类工程的直接工程费之和为基数,按表5的费率计算。

4.2.1.1.2.8 工地转移费

工地转移费以各类工程的直接工程费之和为基数,按表7的费率计算。

表7 工地转移费费率表(%)

工程类别	工地转移距离(km)					
	50	100	300	500	1000	每增加100
人工土方	0.15	0.21	0.32	0.43	0.56	0.03
机械土方	0.50	0.67	1.05	1.37	1.82	0.08
汽车运输	0.31	0.40	0.62	0.82	1.07	0.05
人工石方	0.16	0.22	0.33	0.45	0.58	0.03
机械石方	0.36	0.43	0.74	0.97	1.28	0.06
高级路面	0.61	0.83	1.30	1.70	2.27	0.12
其他路面	0.56	0.75	1.18	1.54	2.06	0.10
构造物Ⅰ	0.56	0.75	1.18	1.54	2.06	0.11
构造物Ⅱ	0.66	0.89	1.40	1.83	2.45	0.13
构造物Ⅲ	1.31	1.77	2.77	3.62	4.85	0.25
技术复杂大桥	0.75	1.01	1.58	2.06	2.76	0.14
隧道	0.52	0.71	1.11	1.45	1.94	0.10
钢材及钢结构	0.72	0.97	1.51	1.97	2.64	0.13
设备安装	1.31	1.77	2.77	3.62	4.85	0.25
室内管道	0.56	0.75	1.18	1.54	2.06	0.11
金属标志牌等	0.72	0.97	1.51	1.97	2.64	0.13

a) 编制机电工程概算时,高速公路、一级公路及独立大桥、隧道按省会长沙至工地的里程,二级及以下公路按地区(市)至工地的里程计算工地转移费。
b) 编制机电工程概、预算时,按以下原则计列:
　　1) 转移距离以工程承包单位(如工程处、工程公司等)转移前后驻地距离或两路线中点的距离为准。
　　2) 如施工单位不明确时,高速公路、一级公路及独立大桥、隧道按省会长沙至工地的里程,二级及以下公路按地区(市)至工地的里程计算工地转移费。
c) 工地转移里程数在表列里程之间时,费率可内插计算。
d) 工地转移距离在50km以内的工程不计取本项费用。

4.2.1.2 间接费
间接费由规费和企业管理费两项组成。

4.2.1.2.1 规费
规费系指法律、法规、规章、规程规定施工企业必须缴纳的费用(简称规费),内容包括:
养老保险费。系指施工企业按规定标准为职工缴纳的基本养老保险费。
失业保险费。系指施工企业按国家规定标准为职工缴纳的失业保险费。
医疗保险费。系指施工企业按规定标准为职工缴纳的基本医疗保险费和生育保险费。
住房公积金。系指施工企业按规定标准为职工缴纳的住房公积金。
工伤保险费。系指施工企业按规定标准为职工缴纳的工伤保险费。
各项规费以各类工程的人工费之和为基数,费率根据湖南省地方标准取值,详见表8。

表8 间接费综合费率表（%）

序号	工程类别	规费					企业管理费			
		养老保险费	失业保险费	医疗保险费	住房公积金	工伤保险费	基本费用	主副食运费补贴	职工探亲路费	财务费用
1	人工土方	20	2	7.2	9	0.9	3.36	见表9	0.10	0.23
2	机械土方	20	2	7.2	9	0.9	3.26		0.22	0.21
3	汽车运输	20	2	7.2	9	0.9	1.44		0.14	0.21
4	人工石方	20	2	7.2	9	0.9	3.45		0.10	0.22
5	机械石方	20	2	7.2	9	0.9	3.28		0.22	0.20
6	高级路面	20	2	7.2	9	0.9	1.91		0.14	0.27
7	其他路面	20	2	7.2	9	0.9	3.28		0.16	0.30
8	构造物Ⅰ	20	2	7.2	9	0.9	4.44		0.29	0.37
9	构造物Ⅱ	20	2	7.2	9	0.9	5.53		0.34	0.40
10	构造物Ⅲ	20	2	7.2	9	0.9	9.79		0.55	0.82
11	技术复杂大桥	20	2	7.2	9	0.9	4.72		0.20	0.46
12	隧道	20	2	7.2	9	0.9	4.22		0.27	0.39
13	钢材及钢结构	20	2	7.2	9	0.9	2.42		0.16	0.48
14	设备安装工程	20	2	7.2	9	0.9	9.79		0.55	0.82
15	室内管道	20	2	7.2	9	0.9	4.44		0.29	0.37
16	金属标志牌安装	20	2	7.2	9	0.9	2.42		0.16	0.48

4.2.1.2.2 企业管理费

企业管理费由基本费用、主副食运费补贴、职工探亲路费和财务费用四项组成。

4.2.1.2.2.1 基本费用

基本费用系指施工企业为组织施工生产和经营管理所需的费用。内容包括：

a) 管理人员工资。系指管理人员的基本工资、工资性补贴及按规定标准计提的职工福利费用。
b) 办公费。系指企业文具、纸张、账表、印刷、邮电、书报、会议、水、电、烧水和集体取暖（包括现场临时宿舍取暖）用煤（气）等费用。
c) 差旅交通费。系指企业职工因公出差、工作调动的差旅费，住勤补助费，市内交通费及误餐补助费，职工探亲路费，劳动力招募费，职工离退休、退职一次性路费，工伤人员就医路费，以及管理部门使用的交通工具的油料、燃料及牌照费等。
d) 固定资产使用费。系指管理和试验部门及附属生产单位使用的属于固定资产的房屋、设备、仪器等的折旧、大修及维修或租赁等费用。
e) 工具、用具使用费。系指企业管理使用不属于固定资产的生产工具。
f) 工会经费。系指企业按职工工资总额计提的工会经费。
g) 职工教育经费。系指企业为职工学习先进技术和提高文化水平，按职工工资总额计提的费用。
h) 劳动保险费。系指企业支付离退休职工的易地安家补助费、职工退职金、6个月以上产病假人员工资、职工死亡丧葬补助费、抚恤费，按规定支付给离休干部的各项经费。

i) 保险费。系指企业财产保险、管理用车辆等保险费用。
j) 税金。系指企业按规定交纳的房产税、车船使用税、土地使用税、印花税等。
k) 工程保修费。系指工程交工验收后,在规定保修期内的修理费用。
l) 工程排污费。系指施工现场按规定缴纳的排污费用。
m) 其他费用。系上述项目以外的其他必要的费用支出,包括技术转让费、技术开发费、业务招待费、绿化费、广告费、投标费、公证费、定额测定费、法律顾问费、审计费、咨询费等。

基本费用以各类工程的直接费之和为基数,按表8的费率计算。

4.2.1.2.2.2 主副食运费补贴

主副食运费补贴系指施工企业在远离城镇及乡村的野外施工购买生活必需品所需增加的费用。该费用以各类工程的直接费之和为基数,按表9的费率计算。

$$综合里程 = 粮食运距 \times 0.06 + 燃料运距 \times 0.09 + 蔬菜运距 \times 0.15 + 水运距 \times 0.70 \quad (10)$$

粮食、燃料、蔬菜、水的运距均为全线平均运距;综合里程数在表列里程之间时,费率可内插;综合里程在1km以内的工程不计取本项费用。

表9 主副食运费补贴费费率表(%)

工程类别	综合里程(km)											
	1	3	5	8	10	15	20	25	30	40	50	每增加10
人工土方	0.17	0.25	0.31	0.39	0.45	0.56	0.67	0.76	0.89	1.06	1.22	0.16
机械土方	0.13	0.19	0.24	0.30	0.35	0.43	0.52	0.59	0.69	0.81	0.95	0.13
汽车运输	0.14	0.20	0.25	0.32	0.37	0.45	0.55	0.62	0.73	0.86	1.00	0.14
人工石方	0.13	0.19	0.24	0.30	0.34	0.42	0.51	0.58	0.67	0.80	0.92	0.12
机械石方	0.12	0.18	0.22	0.28	0.33	0.41	0.49	0.55	0.65	0.76	0.89	0.12
高级路面	0.08	0.12	0.15	0.20	0.22	0.28	0.33	0.38	0.44	0.52	0.60	0.08
其他路面	0.09	0.12	0.15	0.20	0.22	0.28	0.33	0.38	0.44	0.52	0.61	0.09
构造物Ⅰ	0.13	0.18	0.23	0.28	0.32	0.40	0.49	0.55	0.65	0.76	0.89	0.12
构造物Ⅱ	0.14	0.20	0.25	0.30	0.35	0.43	0.52	0.60	0.70	0.83	0.96	0.13
构造物Ⅲ	0.25	0.36	0.45	0.55	0.64	0.79	0.96	1.09	1.28	1.51	1.76	0.24
技术复杂大桥	0.11	0.16	0.20	0.25	0.29	0.36	0.43	0.49	0.57	0.68	0.79	0.11
隧道	0.11	0.16	0.19	0.24	0.28	0.34	0.42	0.48	0.56	0.66	0.77	0.10
钢材及钢结构	0.11	0.16	0.20	0.26	0.30	0.37	0.44	0.50	0.59	0.69	0.80	0.11
设备安装工程	0.25	0.36	0.45	0.55	0.64	0.79	0.96	1.09	1.28	1.51	1.76	0.24
室内管道	0.13	0.18	0.23	0.28	0.32	0.40	0.49	0.55	0.65	0.76	0.89	0.12
金属标志牌安装	0.11	0.16	0.20	0.26	0.30	0.37	0.44	0.50	0.59	0.69	0.80	0.11

4.2.1.2.2.3 职工探亲路费

职工探亲路费系按照有关规定施工企业职工在探亲期间发生的往返车船费、市内交通费和途中住宿费等费用。该费用以各类工程的直接费之和为基数,按表8费率计算。

4.2.1.2.2.4 财务费用

财务费用系指施工企业为筹集资金而发生的各项费用,包括企业经营期间发生的短期贷款利息净支出、汇总净损失、调剂外汇手续费、金融机构手续费,以及企业筹集资金发生的其他财务费用。财务费用以各类工程的直接费之和为基数,按表8的费率计算。

4.2.1.3 利润

利润系指施工企业完成所承包工程应取得的盈利。利润按直接费和间接费之和扣除规费的7%计算。

4.2.1.4 税金

税金系指按国家税法规定，应计入建筑安装工程造价内的营业税、城市维护建设税及教育费附加等。计算公式：

$$综合税金额 = (直接费 + 间接费 + 利润) \times 综合税率 \tag{11}$$

a) 纳税地点在市区的企业，综合税率为：

$$综合税率(\%) = \left[\frac{1}{1 - 3\% - (3\% \times 7\%) - (3\% \times 3\%) - (3\% \times 2\%)} - 1\right] \times 100 = 3.48(\%)$$

b) 纳税地点在县城、乡镇的企业，综合税率为：

$$综合税率(\%) = \left[\frac{1}{1 - 3\% - (3\% \times 5\%) - (3\% \times 3\%) - (3\% \times 2\%)} - 1\right] \times 100 = 3.41(\%)$$

c) 纳税地点不在市区、县城、乡镇的企业，综合税率为：

$$综合税率(\%) = \left[\frac{1}{1 - 3\% - (3\% \times 1\%) - (3\% \times 3\%) - (3\% \times 2\%)} - 1\right] \times 100 = 3.28(\%)$$

4.2.2 设备、工具、器具及家具购置费

4.2.2.1 设备购置费

$$设备购置费 = \sum 设备的购置数量 \times 设备购置单价 \tag{12a}$$

$$设备购置费单价 = 设备原价 + 运杂费(运输费 + 装卸费 + 搬运费) +$$
$$运输保险费 + 采购及保管费 \tag{12b}$$

4.2.2.1.1 设备原价

设备原价划分为以下两类：

a) 国产设备原价计算

$$设备原价 = 出厂价(或供货地点价) + 包装费 + 手续费 \tag{13}$$

b) 进口设备原价计算

$$进口设备原价 = 货价 + 国际运费 + 运输保险费 + 银行财务费 + 外贸手续费 + 关税 +$$
$$增值税 + 消费税 + 商检费 + 检疫费 + 车辆购置附加费 \tag{14}$$

目前，国内市场进口设备的报价一般已包含以上的费用，可直接作为进口设备原价。

4.2.2.1.2 运杂费

$$运杂费 = 设备原价 \times 运杂费费率 \tag{15}$$

设备运杂费费率见表10。

表10 设备运杂费费率(%)

运输里程(km)	100以内	101~200	201~300	301~400	401~500	501~750	751~1000	1001~1250	1251~1500	1501~1750	1751~2000	2000以上每增250
费率(%)	0.8	0.9	1.0	1.1	1.2	1.5	1.7	2.0	2.2	2.4	2.6	0.2

4.2.2.1.3 运输保险费

$$运输保险费 = 设备原价 \times 保险费费率(1\%) \tag{16}$$

设备运输保险费费率一般为1%。

4.2.2.1.4 采购及保管费

$$采购及保管费 = 设备原价 \times 采购及保管费费率 \quad (17)$$

a) 需要安装的设备的采购保管费费率为2.4%。
b) 不需要安装的设备的采购保管费费率为1.2%。备品备件的采购保管费费率为1.2%。

4.2.2.1.5 其他

软件费直接列出，不再产生运杂费、运输保险费、采购及保管费等费用。

4.2.2.2 工器具及生产家具(简称工器具)购置费

对于工器具购置，应由设计单位列出计划购置的清单(包括规格、型号、数量)，购置费的计算方法同设备购置费。

4.2.2.3 办公和生活用家具购置费

机电工程改造项目需单独计列，新建项目不需要单独计列。

4.2.3 工程建设其他费用

工程建设其他费用分为新建工程和机电改造专项工程两类。

4.2.3.1 新建工程的工程建设其他费用

由于新建工程含主体土建工程，所以机电工程建设其他费用依据交通部编制办法进行编制。

$$\begin{aligned}新建工程建设其他费用 =\ &建设项目管理费 + 研究试验费 + 建设项目前期工作费 + \\ &专项评价(估)费 + 施工机构迁移费 + 联合试运转费 + \\ &生产人员培训费 + 建设期贷款利息 \end{aligned} \quad (18)$$

4.2.3.1.1 建设项目管理费

$$\begin{aligned}建设项目管理费 =\ &建设单位(业主)管理费 + 工程监理费 + 设计文件审查费 + \\ &竣(交)工验收试验检测费\end{aligned} \quad (19)$$

4.2.3.1.1.1 建设单位(业主)管理费

建设单位(业主)管理费以机电设施的建筑安装工程费总额为基数，按表11的费率，以累进办法计算。费率按整个建设项目的建筑安装工程费确定。

表11 建设单位管理费费率表

第一部分 建筑安装工程费（万元）	费率(%)	算例(万元)	
		建筑安装工程费	建设单位(业主)管理费
500以下	3.48	500	500×3.48% = 17.4
501~1000	2.73	1000	17.4 + 500×2.73% = 31.05
1001~5000	2.18	5000	31.05 + 4000×2.18% = 118.25
5001~10000	1.84	10000	118.25 + 5000×1.84% = 210.25
10001~30000	1.52	30000	210.25 + 20000×1.52% = 514.25
30001~50000	1.27	50000	514.25 + 20000×1.27% = 768.25
50001~100000	0.94	100000	768.25 + 50000×0.94% = 1238.25
100001~150000	0.76	150000	1238.25 + 50000×0.76% = 1618.25
150001~200000	0.59	200000	1618.25 + 50000×0.59% = 1913.25
200001~300000	0.43	300000	1913.25 + 100000×0.43% = 2343.25
300000以上	0.32	310000	2343.25 + 10000×0.32% = 2375.25

4.2.3.1.1.2 工程监理费

工程监理费以机电设施的建筑安装工程费总额为基数，按表12的费率计算。

表12 工程监理费费率表

工程类别	高速公路	一级及二级公路	三级及四级公路	桥梁及隧道
费率(%)	2.0	2.5	3.0	2.5

4.2.3.1.1.3 设计文件审查费

设计文件审查费以机电设施的建筑安装工程费总额为基数,费率取0.1%。

4.2.3.1.1.4 竣(交)工验收试验检测费

新建高速公路机电工程采用交通运输部规定在主体中统一计列,在机电工程造价中不单独计列。

4.2.3.1.2 研究试验费

计算方法:按照设计提出的研究试验内容和要求进行编制,不需验证设计基础资料的不计本项费用。

4.2.3.1.3 建设项目前期工作费

该费用主要包括:

a) 编制项目建议书(或预可行性研究报告)、可行性研究报告、投资估算,以及相应的设计、专题研究等所需的费用。
b) 初步设计和施工图设计的设计费、概(预)算及调整概算编制费等。
c) 设计、监理、施工招标文件及招标标底(或造价控制值或清单预算)文件编制费等。

计算方法:按国家和湖南省颁发的收费标准和有关规定进行编制。

4.2.3.1.4 专项评价(估)费

计算方法:按国家颁发的收费标准和有关规定进行编制。

4.2.3.1.5 施工机构迁移费

计算方法:施工机构迁移费应经建设项目的主管部门同意按实计算。

4.2.3.1.6 供电贴费

按国家计委国家经贸委计价格[2002]98号《国家计委、国家经贸委关于停止收取供(配)电工程贴费有关问题的通知》不再计列。

4.2.3.1.7 联合试运转费

联合试运转费以建筑安装工程费总额为基数,费率按0.05%计算。

4.2.3.1.8 生产人员培训费

a) 若文件中已指定培训人员数量按文件中计算,培训费按高级管理人员技术培训标准为15000元/人·周,中级技术人员技术培训标准为5000元/人·周,初级操作人员培训标准为2000元/人·周。
b) 若未指定,则按下列方法计算,见表13。培训费按2000元/人计列。

表13 生产人员培训费定员计算参考标准

机构名称	数量(处)	人员数量(人)	备注
管理分中心	1	管辖路段长度×0.5	每处原则25
通信监控分中心	1	8	
收费站	1	收费车道数×4+收费站数×8+10×1	1为收费分中心
隧道监控所	1	管辖隧道数×2+1×25	1为隧道监控所

4.2.3.1.9 固定资产投资方向调节税

计算方法:按国家有关规定计算(目前暂停征收)。

4.2.3.1.10 建设期贷款利息

计算方法:根据不同的资金来源按需付息的分年度投资计算。

只有贷款项目才计列此项费用。

计算公式如下:

建设期贷款利息 = ∑(上年末付息贷款本息累计 + 本年度付息贷款额 ÷ 2)×
年利率 (20)

即
$$S = \sum_{n=1}^{N}(F_{n-1} + b_n \div 2) \times i$$

式中:S——建设期贷款利息(元);

N——项目建设期(年);

n——施工年度;

F_{n-1}——建设期第($n-1$)年末需付息贷款本息累计(元);

b_n——建设期第n年度付息贷款额(元);

i——建设期贷款年利率(%)。

由于机电工程施工工期一般都在一年内,所以机电项目建设期一般按一年计列。

4.2.3.2 机电改造专项工程的工程建设其他费用

扩建和改建(含改造)的高速公路机电工程项目及交通信息化工程项目的工程建设其他费用均按机电改造专项工程规定计算。

机电改造专项工程建设其他费用 = 建设项目管理费 + 研究试验费 + 建设项目前期工作费 +
专项评价(估)费 + 施工机构迁移费 + 联合试运转费 +
生产人员培训费 + 建设期贷款利息 + 计重设备的法定标定费 +
旧设备检测评估费 + 交通安全维护费 (21)

4.2.3.2.1 建设项目管理费

建设项目管理费 = 建设单位(业主)管理费 + 工程监理费 + 设计文件审查费 +
竣(交)工验收试验检测费 (22)

4.2.3.2.1.1 建设单位(业主)管理费

建设单位(业主)管理费中还包含了工程招标费(不含招标文件及标底或造价控制值编制费)、交(竣)工验收费、工程审计费。

机电改造专项工程建设单位(业主)管理费计算方法如下:

建设单位(业主)管理费 = 建设单位管理费 + 工程招标费 + 交(竣)工验收费 +
工程审计费 (23)

a) 建设单位管理费

建设单位管理费以建筑安装工程费总额为基数,按表 14 的费率,以累进办法计算。

表 14 建设单位管理费费率表

第一部分 建筑安装工程费 (万元)	费率(%)	算例(万元)	
		建筑安装工程费	建设单位(业主)管理费
500 以下	5	500	500×5% = 25
501~1000	3	1000	25 + 500×3% = 40
1001~5000	2.4	5000	40 + 4000×2.4% = 136
5001~10000	2	10000	136 + 5000×2% = 236

b) 工程招标费(不含招标文件及标底或造价控制值编制费)

工程招标费按表15计列。

表15 工程招标费　　　　　　　　　　　　　　　　　　　　　　　　　　　单位：万元

建筑安装工程费总额与设备工器具购置费之和	3000以下	3000~10000(含3000)	10000及以上
工程招标费	5	8	10

c) 交(竣)工验收费

交(竣)工验收费按表16计列。交工验收费与竣工验收费应分开计列。

表16 交(竣)工验收费　　　　　　　　　　　　　　　　　　　　　　　　单位：万元

建筑安装工程费总额与设备工器具购置费之和	1500以下	1500~3000(含1500)	3000~10000(含3000)	10000及以上
交(竣)工验收费	15	20	25	30

d) 工程审计费

工程审计费是竣工工程结算审计基本服务费和会计师事务所收费之和。

1) 竣工工程结算审计基本服务费

竣工工程结算审计服务内容为根据有关规定，对工程量、材料设备价格、计价方法、计价过程进行全面和详细审查、复核，出具相应审计报告。

计算方法如下：

竣工工程结算审计基本服务费 =（建筑安装工程费总额 + 设备与工器具购置费 +
　　　　　　　　　　　　　　　联合试运转费）× 费率　　　　　　　　　　　　　　　　　　　　（24）

竣工工程结算审计基本服务费费率按表17计列。按累进办法计算，低于0.5万元按0.5万元计。

表17 竣工工程结算审计基本服务费费率表(‰)

500万元以下(含500万元)	500~1000万元(含1000万元)	1000~5000万元(含5000万元)	5000~50000万元(含50000万元)	5~10亿元(含10亿元)	10~30亿元(含30亿元)	30~60亿元(含60亿元)	60亿元以上部分
5	3	1.5	0.5	0.45	0.33	0.21	0.18

2) 会计师事务所收费

计算方法如下：

会计师事务所收费 =（建筑安装工程费总额 + 设备与工器具购置费 + 联合试运转费）×
　　　　　　　　　费率 ×（1 ± 浮动幅度）　　　　　　　　　　　　　　　　　　　　　　　　　（25）

会计师事务所收费费率按表18计列。按累进办法计算。浮动幅度不得超过30%。

表18 会计师事务所收费费率(‰)

100万元以下(含100万元)	100~500万元(含500万元)	500~1000万元(含1000万元)	1000~5000万元(含5000万元)	5000万元~1亿元(含1亿元)	1~5亿元(含5亿元)	5亿元以上部分
5	3	2	1	0.4	0.2	0.08

4.2.3.2.1.2 工程监理费

工程监理费以建筑安装工程费和设备工器具购置费的40%之和为基数，按2%计算，并乘以一定幅度系数。

计算式如下：

$$\text{工程监理费} = (\text{建筑安装工程费总额} + \text{设备与工器具购置费} \times 40\%) \times$$
$$\text{费率}2\% \times (1 + \text{浮动幅度值}) \tag{26}$$

有些机电改造专项工程实施范围大，难度较高，为此增加浮动幅度值，浮动幅度最高20%。具体依据机电工程实施范围，详见表19。

表19 浮 动 幅 度 值

实施范围	300km以内	400km	500km	600km	700km
浮动幅度值	0	2.5%	5%	7.5%	10%
实施范围	800km	900km	1000km	1000km以上	
浮动幅度值	12.5%	15%	17.5%	20%	

4.2.3.2.1.3 设计文件审查费

依据湖南省相关文件计列。

4.2.3.2.1.4 竣（交）工验收试验检测费

机电改造专项工程交工验收试验检测费以工程费用总额（建筑安装工程费与设备购置费之和）为基数，按表20的费率，以累进办法计算。

表20 机电项目的交工验收试验检测费费率表

工程费用总额（万元）	费率（%）	算例（万元）	
		工程费用总额	交工验收试验检测费
1000以下	15万元	1000	15
1001～2000	1.0	2000	15 + (2000 - 1000) × 1.0% = 25
2001～5000	0.8	5000	25 + (5000 - 2000) × 0.8% = 49
5001～10000	0.6	10000	49 + (10000 - 5000) × 0.6% = 79
10001～25000	0.4	25000	79 + (25000 - 10000) × 0.4% = 139
25000以上	0.2	30000	139 + (30000 - 25000) × 0.2% = 149

4.2.3.2.2 研究试验费
同新建工程。

4.2.3.2.3 建设项目前期工作费
同新建工程

4.2.3.2.4 专项评价（估）费
同新建工程。

4.2.3.2.5 施工机构迁移费
同新建工程。

4.2.3.2.6 供电贴费
同新建工程。

4.2.3.2.7 联合试运转费
同新建工程。

4.2.3.2.8 生产人员培训费
同新建工程。

4.2.3.2.9 固定资产投资方向调节税
同新建工程。

4.2.3.2.10 建设期贷款利息
同新建工程。

4.2.3.2.11 计重设备的法定标定费
计重设备的法定标定费是收费系统实施计重设备时通车前需由质量技术监督局进行法定标定所发生的费用。计算方法如下：

$$计重设备标定费 = 每个车道标定费 \times 需鉴定的车道数 \tag{27}$$

每个车道的标定费按照国家标准执行。

4.2.3.2.12 旧设备检测评估费
机电改造专项工程立项和实施前一般应先进行旧设备检测评估，需计列旧设备的检测评估费，收费标准根据湖南省相关规定。

4.2.3.2.13 交通安全维护费
机电改造专项工程由于需要边施工边维持通车，所以需要增加交通安全维护费，其费用包括为完成工程项目所发生为实现道路管制与疏导的措施费、人员经费、协调管理费等一切费用，交通安全维护费应专项使用，不得挪作它用。交通安全维护费按建安费的3.0%计列。计算公式如下：

$$交通安全维护费 = 建筑安装工程费总额 \times 3.0\% \tag{28}$$

4.2.4 预备费

预备费由价差预备费及基本预备费两部分组成。

4.2.4.1 价差预备费

价差预备费以概（预）算或修正概算第一部分建筑安装工程费总额为基数，按设计文件编制年始至建设项目工程竣工年终的年数和年工程造价增涨率计算。计算方法如下：

$$价差预备费 = P \times [(1+i)^{n-1} - 1] \tag{29}$$

式中：P——建筑安装工程费总额（元）；

i——年工程造价增涨率（%）；

n——设计文件编制年至建设项目开工年 + 建设项目建设期限（年）。

年工程造价增涨率按有关部门公布的工程投资价格指数计算，或由设计单位会同建设单位根据该工程人工费、材料费、施工机械使用费、其他工程费、间接费以及第二、三部分费用可能发生的上浮等因素，以第一部分建安费为基数进行综合分析预测。

设计文件编制至工程完工在一年以内的工程，不列此项费用。

目前按照国家规定暂不计列价差预备费。

4.2.4.2 基本预备费

计算方法：以第一、二、三部分费用之和（扣除固定资产投资方向调节税和建设期贷款利息两项费用）为基数按下列费率计算：

一般设计概算按5%计列；修正概算按4%计列；施工图预算按3%计列。

采用施工图预算加系数包干承包的工程，包干系数为施工图预算中直接费与间接费之和的3%。施工图预算包干费用由施工单位包干使用。

4.2.5 机电工程建设各项费用的计算程序及计算方式

机电工程建设各项费用的计算程序及计算方式见表21。

表21 机电工程建设各项费用的计算程序及计算方式

代 号	项 目	说明及计算式
第一部分	建筑安装工程费	建筑安装工程费 = 直接费 + 间接费 + 利润 + 税金
一	直接费	直接费 = 直接工程费 + 其他工程费
（一）	直接工程费	直接工程费 = 人工费 + 材料费 + 施工机械使用费
1	人工费	人工费 = 工程量 × 工日定额消耗量 × 人工费单价
2	材料费	材料费 = 工程量 × 材料定额消耗量 × 材料预算单价
1）	土建类材料	材料预算价格 = (① + ② + ③ + ④) − 包装品回收价值
①	材料原价	按交通运输部规定计算
②	运杂费	按铁路、航运和当地交通部门规定的运价计算运费
③	场外运输损耗	场外运输损耗费 = (① + ②) × 场外运输损耗率
④	采购及保管费	采购及保管费 = (① + ② + ③) × 采购及保管费率
2）	机电工程专用材料	材料预算价格 = ① + ② + ③ + ④
①	材料原价	材料原价 = 出厂价(或供货地点价) + 包装费 + 手续费
②	运杂费	运杂费 = ① × 运杂费费率
③	运输保险费	运输保险费 = ① × 保险费费率(1%)
④	采购及保管费	采购及保管费 = ① × 采购及保管费费率(2.4%)
3	施工机械使用费	施工机械使用费 = 工程量 × 机械定额消耗量 × 机械台班预算单价
1）	机械台班预算单价	机械台班预算单价 = ① + ②
①	不变费用	不变费用 = 折旧费 + 大修理费 + 经常修理费 + 安装拆卸及辅助设施费
②	可变费用	可变费用 = 机上人员人工费 + 动力燃料费 + 养路费(暂列为0) + 车船使用税
（二）	其他工程费	其他工程费 = 1 + 2 + 3 + 4 + 5 + 6 + 7 + 8
1	冬季施工增加费	冬季施工增加费 = 工程直接工程费之和 × 冬季施工增加费费率
2	雨季施工增加费	雨季施工增加费 = 工程直接工程费之和 × 雨季施工增加费费率
3	夜间施工增加费	夜间施工增加费 = 夜间施工工程项目的直接工程费之和 × 夜间施工增加费费率
4	行车干扰工程施工增加费	行车干扰工程施工增加费 = 受行车影响部分的工程项目的人工费和机械使用费之和 × 行车干扰工程施工增加费费率
5	施工标准化与安全措施费	施工标准化与安全措施费 = 工程的直接工程费之和 × 施工标准化与安全措施费费率
6	临时设施费	临时设施费 = 工程的直接工程费之和 × 临时设施费费率
7	施工辅助费	施工辅助费 = 工程的直接工程费之和 × 施工辅助费费率
8	工地转移费	工地转移费 = 工程的直接工程费之和 × 工地转移费费率
二	间接费	间接费 = 规费 + 企业管理费
（一）	规费	规费 = 1 + 2 + 3 + 4 + 5
1	养老保险费	养老保险费 = 工程的人工费之和 × 养老保险费费率

表 21（续）

代号	项目	说明及计算式
2	失业保险费	失业保险费＝工程的人工费之和×失业保险费费率
3	医疗保险费	医疗保险费＝工程的人工费之和×医疗保险费费率
4	住房公积金	住房公积金＝工程的人工费之和×住房公积金费率
5	工伤保险费	工伤保险费＝工程的人工费之和×工伤保险费费率
（二）	企业管理费	企业管理费＝1＋2＋3＋4
1	基本费用	基本费用＝工程的直接费之和×基本费用费率
2	主副食运费补贴	主副食运费补贴＝工程的直接费之和×主副食运费补贴费率
3	职工探亲路费	职工探亲路费＝工程的直接费之和×职工探亲路费费率
4	财务费用	财务费用＝工程的直接费之和×财务费用费率
三	利润	利润＝（直接费＋间接费－规费）×7%
四	税金	综合税金额＝（直接费＋间接费＋利润）×综合税率
第二部分	设备、工具、器具及家具购置费	设备、工具、器具及家具购置＝一＋二＋三
一	设备购置费	设备购置费＝∑设备购置数量×设备购置费单价
（一）	设备购置费单价	设备购置费单价＝1＋2＋3＋4
1	设备原价	按有关规定计算
2	运杂费	运杂费＝1×运杂费费率
3	运输保险费	运输保险费＝1×保险费费率（1%）
4	采购及保管费	采购及保管费＝1×采购及保管费费率（2.4%或1.2%）
5	软件费	直接列出，不再产生运杂费、运输保险费、采购及保管费等费用
二	工器具及生产家具（简称工器具）购置费	计算方法同设备购置费
三	办公和生活家具购置费	按有关规定计算
第三部分	工程建设其他费用	分为两类工程考虑
第一类	新建工程	新建工程建设其他费用＝一＋二＋三＋四＋五＋六＋七＋八＋九＋十
一	建设项目管理费	建设项目管理费＝1＋2＋3＋4
1	建设单位（业主）管理费	建设单位（业主）管理费＝∑（建筑安装工程费×建设单位管理费费率）（累进办法），费率按表11计列
2	工程监理费	工程监理费＝建筑安装工程费总额×工程监理费费率
3	设计文件审查费	设计文件审查费＝建筑安装工程费总额×费率（0.1%）
4	竣（交）工验收试验检测费	新建高速公路在机电工程造价中不单独计列
二	研究试验费	按批准的计划编制
三	建设项目前期工作费	按有关规定计算

表21(续)

代号	项目	说明及计算式
四	专项评价(估)费	按有关规定计算
五	施工机构迁移费	按实计算
六	供电贴费	依据现有国家规定暂不计列
七	联合试运转费	联合试运转费＝建筑安装工程费总额×费率0.05%
八	生产人员培训费	生产人员培训费＝培训人员数量×培训单价
九	固定资产投资方向调节税	依据现有国家规定暂不计列
十	建设期贷款利息	按实际贷款数及利率计算
第二类	机电改造专项工程	机电改造专项工程建设其他费用＝一＋二＋三＋四＋五＋六＋七＋八＋九＋十＋十一＋十二＋十三
一	建设项目管理费	建设项目管理费＝1＋2＋3＋4
1	建设单位(业主)管理费	建设单位(业主)管理费＝1)＋2)＋3)＋4)
1)	建设单位管理费	建设单位管理费＝∑(建筑安装工程费×建设单位管理费费率)(累进办法),费率按表14计列
2)	工程招标费	按表15计列
3)	交(竣)工验收费	按表16计列
4)	工程审计费	工程审计费＝①＋②
①	竣工工程结算审计基本服务费	竣工工程结算审计基本服务费＝(建筑安装工程费总额＋设备与工器具购置费＋联合试运转费)×费率,(累进办法),费率按表17计列
②	会计师事务所收费	会计师事务所收费＝(建筑安装工程费总额＋设备与工器具购置费＋联合试运转费)×费率×(1±浮动幅度),(累进办法),费率按表18计列
2	工程监理费	工程监理费＝(建筑安装工程费总额＋设备与工器具购置费×40%)×费率2%×(1＋浮动幅度值)
1)	浮动幅度值	依据实施范围确定,见表19
3	设计文件审查费	依据湖南省相关文件计列
4	竣(交)工验收试验检测费	交工验收试验检测费＝∑(工程费用总额×交工验收试验检测费费率),累进办法计列。费率按表20计列
二	研究试验费	按批准的计划编制
三	建设项目前期工作费	按有关规定计算
四	专项评价(估)费	按有关规定计算
五	施工机构迁移费	按实计算
六	供电贴费	依据现有国家规定暂不计列

表 21（续）

代号	项目	说明及计算式
七	联合试运转费	联合试运转费＝建筑安装工程费总额×费率0.05%
八	生产人员培训费	生产人员培训费＝培训人员数量×培训单价
九	固定资产投资方向调节税	依据现有国家规定暂不计列
十	建设期贷款利息	按实际贷款数及利率计算
十一	计重设备的法定标定费	计重设备法定标定费＝每个车道标定费×需鉴定的车道数
十二	旧设备的检测评估费	依据湖南省相关文件计列
十三	交通安全维护费	交通安全维护费＝建筑安装工程费总额×费率(3.0%)
第四部分	预备费	预备费＝价差预备费＋基本预备费
一	价差预备费	按规定公式计算,现暂不计列
二	基本预备费	基本预备费＝（第一部分＋第二部分＋第三部分－固定资产投资方向调节税－建设期贷款利息）×费率
合计	建设项目总费用	建设项目总费用＝第一部分＋第二部分＋第三部分＋第四部分

5 清单预算编制办法

5.1 清单预算编制方法

公路机电工程基本建设项目清单预算应以《高速公路机电工程概预算编制办法及定额》、《高速公路机电工程预算定额》为依据。编制清单预算时,应主要根据本办法编制。编制工程细目的建筑安装工程费时,首先应根据预算定额规定的各工程细目的人工、材料、机械台班消耗量和概预算编制办法中规定的预算编制时根据工程所在地的人工费工日单价、材料预算单价和机械台班单价计算出各工程细目的工、料、机费用,并按照概预算编制办法中的规定计算各项费用;编制工程细目的设备购置费同样按概预算编制办法中的规定计算。

5.1.1 清单预算编制依据

a) 国家发布的有关法律、法规、规章、规程等；
b) 批准的施工图设计文件中预算（若没有施工图则按初步设计文件中概算）、设计图纸等有关资料；
c) 已获湖南省交通运输厅批准的《高速公路机电工程概预算编制办法及定额》；
d) 现行的《公路工程预算定额》、《公路工程机械台班费用定额》及《公路基本建设工程概算、预算编制办法》；
e) 湖南省交通运输厅现有的关于湖南省公路工程基本建设项目人工工日单价及规费标准的通知；
f) 招标文件的技术规范、工程量清单及图纸等文件；
g) 工程所在地的人工、材料、机械及设备预算价格等；
h) 工程所在地的自然、技术、经济条件等资料；
i) 工程施工组织设计或施工方案；
j) 有关合同、协议等；
k) 其他有关资料。

5.1.2 清单预算文件组成

清单预算文件由封面及目录、清单预算编制说明及清单预算计算表格组成。

5.1.2.1 封面及目录

清单预算文件的封面和扉页应有建设项目名称,编制单位,编制日期及第几册共几册等内容。目录应按图4的表序编排。

5.1.2.2 清单预算编制说明

清单预算编制说明,文字力求简明扼要。应叙述的内容一般有:

a) 工程概况(包含的内容);
b) 建设项目设计资料的依据及有关文号;
c) 采用的定额、费用标准,人工、材料、机械台班单价的依据或来源,补充定额及编制依据的详细说明;
d) 与清单预算有关的委托书、协议书、会议纪要的主要内容;
e) 清单预算总金额及其他与清单预算有关但不能在表格中反映的事项。

5.1.2.3 清单预算表格

公路机电工程清单预算应按统一的清单预算表格计算(表格样式见附录G)。

5.1.2.4 甲组文件与乙组文件

清单预算文件按不同的需要分为甲组文件与乙组文件。甲组文件为各项费用计算表,乙组文件为建筑安装工程费各项基础数据计算表(只供审批使用),见图4,报送文件时甲组文件一般全部提交,乙组文件应根据审批部门或建设项目业主单位的要求全部提供或仅提供其中的一种。

甲组文件:
- 清单预算编制说明
- 工程量清单预算汇总表(标表1)
- 工程量清单表(标表2)
- 总预算表(01表)
- 主要工料机用量分析表(标表5)
- 单价分析表(标表4-1)(03表格式)
- 工程细目单价构成分析表(15表)
- 其他工程费及间接费综合费率计算表(04表)
- 材料暂估价表(2009范本)
- 工程设备暂估价表(2009范本)
- 专业工程暂估价表(2009范本)
- 人工、材料、机械台班单价汇总表(07表)
- 机电工程专用材料预算单价计算表

乙组文件:
- 建筑安装工程费计算数据表(08-1表)
- 分项工程预算表(08-2表)
- 材料预算单价计算表(09表)
- 机械台班单价计算表(11表)

图4 清单预算编制甲、乙组文件包括的内容

5.1.3 清单预算项目

清单预算项目应按项目表的序列及内容编制,如实际出现的工程和费用项目与项目表的内容不完全相符时,应在项目表的基础上酌情调整。

机电工程清单预算项目主要包括以下内容:
a) 100章 总则工程量清单
b) 200章 监控系统工程量清单
c) 300章 通信系统工程量清单
d) 400章 收费系统工程量清单
e) 500章 供配电系统工程量清单
f) 600章 照明系统工程量清单
g) 700章 隧道通风系统工程量清单
h) 800章 网络平台和网管、网络安全系统工程量清单
i) 900章 其他系统工程量清单
j) 计日工合计
k) 暂列金额(不含计日工总额)

项目表的详细内容见附录。

5.1.4 清单预算费用组成

机电工程清单预算费用的组成见图5。

5.2 清单预算计算方法

5.2.1 100章总则工程量清单

本办法以湖南省高速公路机电工程施工招标文件技术规范通用本作为编制基础。

5.2.1.1 部分费用不单独计量

界面、工程进度、实施的标准与法规、设备审批、许可证、证明书及其他类似的书面承诺、承包人工作通道及设备区域、进度照片和录像、完工测试、维修及操作和维修手册等费用已摊入各相关工程细目的单价和费率之中,不单独计量。

5.2.1.2 保险费

a) 承包人应交纳的他雇用的所有人员的安全事故保险费、施工设备保险费,已摊入各相关工程细目的单价和费率之中,不单独计量。
b) 建筑工程一切险和第三方责任保险,按合同专项条款计算。工程一切险按总额计量,以工程量清单第100章(不含建筑工程一切险及第三方责任险)至900章的合计金额为基数,乘以招标文件规定的保险费率计算总额。第三方责任险按招标文件规定的投保金额乘以保险费率计算。即计算方法如下:

$$工程一切险 = (工程量清单第100章至900章的合计金额 - 建筑工程一切险 -$$
$$第三方责任险) \times 保险费率 \qquad (30)$$
$$第三方责任险 = 招标文件规定的投保金额 \times 保险费率 \qquad (31)$$

5.2.1.3 工程管理费

工程管理费包括施工环保费、安全生产费和工程管理软件费(暂估价)。

施工环保费用根据项目具体情况按临时设施费的10%~20%计取。

安全生产费以工程量清单第100章(不含保险费、安全生产费)至第900章的合计金额为基数,乘以费率1.5%计算总额,清单其他子目单价不再计取施工标准化及安全措施费。

工程管理软件费(暂估价)按业主估定,以总额计算。

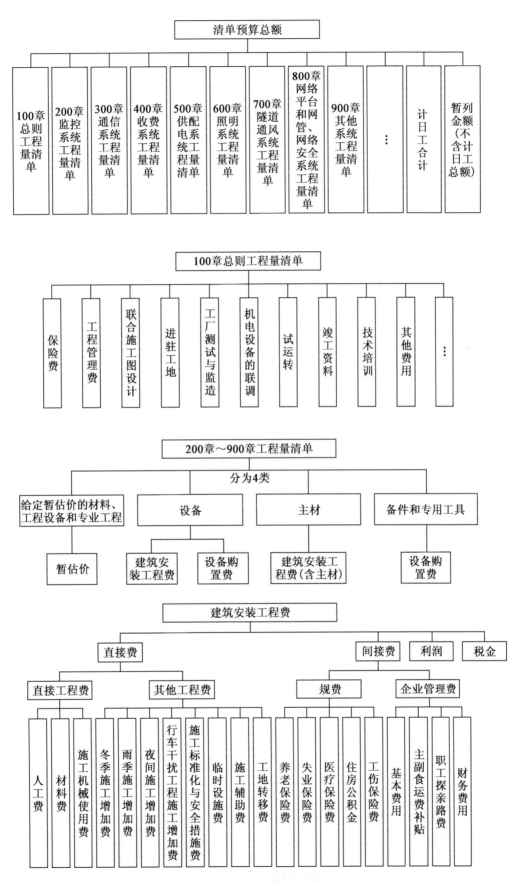

图 5 清单预算费用的组成

5.2.1.4 联合施工图设计

联合施工图设计由承包人组织联合施工图设计以及设计单位完善施工图设计两部分费用组成。

5.2.1.4.1 承包人组织联合施工图设计费

承包人组织联合施工图设计费按表22计列。

表22 承包人组织联合施工图设计费　　　　　　　　　　　　　单位:万元

建筑安装工程费总额与设备工器具购置费之和	3000以下	3000~5000(含3000)	5000~10000(含5000)	10000及以上
承包人组织联合施工图设计费	20	28	36	44

5.2.1.4.2 设计单位完善施工图设计费

计算方法:依据委托合同计列

5.2.1.5 进驻工地

进驻工地包括施工临时用电和承包人驻地建设费。

施工临时用电按规定以总额计算。

承包人驻地建设费根据项目具体情况按临时设施费的30%~40%计取。

5.2.1.6 工厂测试与监造

工厂测试与监造费按表23计列。

表23 工厂测试与监造费　　　　　　　　　　　　　　　　　　单位:万元

建筑安装工程费总额与设备工器具购置费之和	3000以下	3000~5000(含3000)	5000~10000(含5000)	10000及以上
工厂测试与监造费	10	12	18	26

5.2.1.7 机电设备的安装与调试

分为机电设备单机安装调试、分系统调试及系统联调。

5.2.1.7.1 机电设备单机安装调试

机电设备单机安装调试已摊入各相关工程细目的单价之中,不再重复计量。

5.2.1.7.2 分系统调试及系统的联调

套用《高速公路机电工程预算定额》中系统互联与调试的细目定额及《高速公路机电工程概预算编制办法及定额》计算直接费、间接费、利润和税金。

5.2.1.8 试运转

套用《高速公路机电工程预算定额》中系统试运行的细目定额及《高速公路机电工程概预算编制办法及定额》计算直接费、间接费、利润和税金。

5.2.1.9 竣工资料

竣工资料费根据项目实际情况确定。

5.2.1.10 技术培训

技术培训费计算式:

$$技术培训费 = \sum 技术培训人员的人 \cdot 周数 \times 技术培训费单价 \quad (32)$$

一般技术培训分为三类,见表24。

5.2.1.11 其他费用

除以上费用外,有些工程量清单会增列一些其他费用,则根据具体情况进行考虑,如招标文件100

章中指明费用或暂定金的,则需增列此项费用。

表 24 技术培训费单价

序 号	名 称	单 位	单 价	备 注
1	高级管理人员培训费	人×周	1.5万元	
2	技术人员(中级)培训费	人×周	0.5万元	
3	操作人员(初级)培训费	人×周	0.2万元	

5.2.2 200章~900章各系统工程量清单

各系统工程量清单分为四类:
a) 给定暂估价的材料、工程设备和专业工程;
b) 设备;
c) 主材;
d) 备品备件。

设备与材料的划分标准执行交通运输部"2007概预算办法"中附录六的相关规定。

5.2.2.1 编制原则

清单预算以工程量清单中的章节和设备及材料单价、费率文件为单元块,并以工程量清单提供的工程细目和工程数量为准进行编制,最后形成工程细目单价和标段预算的合价。

5.2.2.2 给定暂估价的的材料、工程设备和专业工程

暂估价指发包人在工程量清单中给定的用于支付必然发生但暂时不能确定价格的材料、设备以及专业工程的金额。

对于给定暂估价的的材料、工程设备和专业工程,按招标文件指定的金额计列(指定单价的要乘以数量),对于给定暂估价的专业工程不再考虑其他费用。

5.2.2.3 设备

设备类工程量清单细目由建筑安装工程费和设备购置费构成。建筑安装工程费包括直接费、间接费、利润和税金,设备购置费一般包括设备原价、运杂费、运输保险费、采购及保管费(软件费不另计这几项费用),以上各项费用均参照本办法进行计算。

工地转移费转移运距从项目所在地的地市到工地计算。主副食运费补贴距离中水按照平均运距表中运距计算,粮食、燃料和蔬菜距离以最近的可买到的地点计算。

由于100章费用中已单独计列了施工环保费用、承包人驻地建设费,所以计算200章以后各章各子目单价时临时设施费费率应乘以系数0.40~0.60,以保证整个临时设施费(含施工环保费用、承包人驻地建设费)费率为100%。

由于100章费用单独计列了安全生产费,所以清单其他子目单价不再计取施工标准化与安全措施费,因而计算200章以后各章各子目单价时施工标准化与安全措施费费率取为0。

5.2.2.4 主材

主材类工程量清单细目只计列建筑安装工程费,建筑安装工程费包括直接费、间接费、利润和税金,其中直接费包括了主要材料费,根据本办法的规定主要材料费分成机电工程专用材料和土建类材料两种类型分别进行计算。

工地转移费、主副食运费补贴、临时设施费、施工标准化与安全措施费的计算同设备类。

5.2.2.5 备品备件

备品备件类工程量清单细目只计列设备购置费,设备购置费包括设备原价、运杂费、运输保险费、采购及保管费,以上各项费用均参照本办法进行计算,其中采购及保管费按不需要安装的设备的费率

1.2%计列。

5.2.3 暂估价、计日工合计及暂列金额(不含计日工总额)

5.2.3.1 计日工

指对零星工作采取的一种计价方式,按合同中的计日工子目及其单价计价付款。根据招标文件要求计列,若无要求,一般机电工程不计计日工。

5.2.3.2 暂列金额(不含计日工总额)

暂列金额指已标价工程量清单中所列的暂列金额,用于在签订协议书时尚未确定或不可预见变更的施工及其所需材料、工程设备、服务等的金额。暂列金额按如下方法计算:

$$暂列金额 = (清单预算总价 - 计日工总额 - 暂列金额) \times 费率 \qquad (33)$$

费率根据招标文件要求计列,一般取3%~10%。

5.2.4 机电工程招标文件清单预算各项费用的计算程序及计算方式

机电工程招标文件清单预算各项费用的计算程序及计算方式见表25。

表25 机电工程招标文件清单预算各项费用的计算程序及计算方式

代号	项目	说明及计算式
(一)	100章 总则工程量清单	
102等	界面、工程进度、实施的标准与法规、设备审批、许可证.证明书及其他类似的书面承诺、承包人工作通道及设备区域、进度照片和录像、完工测试、维修及操作和维修手册	费用已摊入各相关工程细目的单价和费率之中,不单独计量
101	概述	
101-4	保险费	分为建筑工程一切险和第三方责任险
101-4-1	建筑工程一切险	工程一切险=(工程量清单第100章至900章的合计金额-建筑工程一切险-第三方责任险)×保险费率
101-4-2	第三方责任险	第三方责任险=招标文件规定的投保金额×保险费率
103	工程管理费	分为施工环保费、安全生产费、工程管理软件费(暂估价)
103-2	施工环保费	施工环保费=临时设施费×费率(10%~20%)
103-3	安全生产费	安全生产费=(工程量清单第100章至第900章的合计金额-保险费-安全生产费)×费率1.5%
103-4	工程管理软件费(暂估价)	工程管理软件费=业主估定总额
108	联合施工图设计	分为承包人组织联合施工图设计以及设计单位完善施工图设计
108-1	承包人组织联合施工图设计费	按表22计列
108-2	设计单位完善施工图设计费	依据委托合同计列
110	进驻工地	包括施工临时用电和承包人驻地建设费
110-2	施工临时用电	施工临时用电按规定以总额计算
110-3	承包人驻地建设费	承包人驻地建设费=临时设施费×费率(30%~40%)
115	工厂测试与监造	按表23计列
118	机电设备的安装与调试	分为机电设备单机安装调试、分系统调试及系统联调

表25（续）

代号	项　目	说明及计算式
118-1	机电设备单机安装调试	已摊入各相关工程细目的综合单价之中，不再重复计量
118-2	分系统调试及系统的联调	套用《高速公路机电工程预算定额》中系统互联与调试的细目定额及《高速公路机电工程概预算编制办法及定额》计算直接费、间接费、利润和税金
120	试运转	套用《高速公路机电工程预算定额》中系统试运行的细目定额及《高速公路机电工程概预算编制办法及定额》计算直接费、间接费、利润和税金
121	竣工资料	竣工资料费根据项目实际情况确定
125	技术培训	技术培训费 = ∑技术培训人员的人·周数×技术培训费单价
125-1	高级管理人员培训费	高级管理人员培训费 = 高级管理人员培训的人·周数 × 15000元/人·周
125-2	技术人员（中级）培训费	技术人员（中级）培训费 = 技术人员（中级）培训的人·周数×5000元/人·周
125-3	操作人员（初级）培训费	操作人员（初级）培训费 = 技术人员（初级）培训的人·周数×2000元/人·周
（二）	200章~900章各系统工程量清单	所有工程细目综合单价之和。分为四类：1.给定暂估价的材料、工程设备和专业工程 2.设备 3.主材 4.备品备件
	第一类：给定暂估价的材料、工程设备和专业工程	综合单价 = 指定的金额或给定单价×数量
	第二类：设备	综合单价 = 建筑安装工程费 + 设备购置费
	建筑安装工程费	建筑安装工程费 = 直接费 + 间接费 + 利润 + 税金，具体见概预算编制办法。（施工标准化与安全措施费率为0，临时设施费率乘以系数40%~60%）
	设备购置费	设备购置费 = 设备原价 + 运杂费（运输费 + 装卸费 + 搬动费）+ 运输保险费 + 采购及保管费，具体见概预算编制办法
	第三类：主材	综合单价 = 建筑安装工程费（含主材费）
	建筑安装工程费	建筑安装工程费 = 直接费 + 间接费 + 利润 + 税金，直接费中含有主材费，具体见概预算编制办法。（施工标准化与安全措施费率为0，临时设施费率乘以系数40%~60%
	第四类：备品备件	综合单价 = 设备购置费
	设备购置费	设备购置费 = 设备原价 + 运杂费（运输费 + 装卸费 + 搬动费）+ 运输保险费 + 采购及保管费，具体见概预算编制办法
（三）	已包含在清单合计中的材料、工程设备、专业工程暂估价合计	暂估价合计 = 材料暂估价 + 工程设备暂估价 + 专业工程暂估价
（四）	计日工合计	按合同中的计日工子目及其单价计价
（五）	暂列金额（不含计日工总额）	暂列金额 = （清单预算总价 - 计日工总额 - 暂列金额）×费率
（六）	清单预算总价	（六）=（一）+（二）+（四）+（五）

附 录 A
（规范性附录）
湖南省高速公路机电工程概算定额（单独成册）

附 录 B
（规范性附录）
湖南省高速公路机电工程预算定额（单独成册）

附 录 C
（规范性附录）
冬雨季及夜间施工增工百分率

冬雨季及夜间施工增工百分率按下表计算：

项 目	雨 季 施 工			冬 季 施 工	夜 间 施 工
	雨量区(Ⅱ)	雨季期(6个月)	合计	准一区	
机电工程	0.45	6	2.7	0	4

附 录 D
（规范性附录）
机电工程概、预算项目表

项	目	节	细目	工程或费用名称	单位	备 注
				第一部分 建筑安装工程费	公路公里	建设项目路线总长度（主线长度）
六				隧道工程	km/座	隧道里程长度
	3			隧道机电工程	m	按不同的设施分节
		1		隧道通风系统设施	m	按不同的内容划分细目
			1	通风设备	台	
			2	通风配套设施	项	
			3	通风电缆等	km	
			4	通风系统预留预埋	项	预算时需再细化
			5	通风系统调试	项	
			6	通风系统设施主材费	项	
			…			
		2		隧道供电、照明系统设施	m	按不同的内容划分细目
			1	变电所设备	处	
			2	供电配套设备	项	
			3	照明设施	项	
			4	照明配套设施	项	
			5	供电系统电缆	m	
			6	电力监控系统	系统	
			7	隧道供电照明系统预留预埋	项	预算时需再细化
			8	架空线	km	
			9	电力系统调试	系统	
			10	隧道供电照明系统设施主材费	项	
			…			
七				公路设施及预埋管线工程	公路公里	
	3			管理、养护设施	公路公里	按不同的设施分节
		1		收费系统设施	处	按不同的内容划分细目
			1	收费车道控制子系统	车道	
			2	安全报警、对讲系统	系统	
			3	计算机网络设备	系统	
			4	软件系统	系统	
			5	收费视、音频监视子系统	系统	
			6	电源系统	系统	
			7	防雷接地系统	系统	

(续前页)

项目	目	节	细目	工程或费用名称	单位	备注
			8	光缆工程	km	
			9	电缆工程	km	
			10	现金传输系统	系统	
			11	路径识别系统	系统	
			12	系统联调及试运行	系统	
			13	收费系统设施主材费	项	
				…		
		2		通信系统设施	公路公里	按不同的内容划分细目
			1	光纤数字传输系统	系统	
			2	数字程控交换系统	系统	
			3	隧道紧急电话系统	系统	
			4	隧道有线广播系统	系统	
			5	路侧紧急报警系统	系统	
			6	有线电视系统	系统	
			7	会议电视系统	系统	
			8	配接设备	系统	
			9	电源系统	系统	
			10	光缆工程	km	
			11	电缆工程	km	
			12	通信系统设施主材费	项	
				…		
		3		通信管道工程	公路公里	按不同的内容划分细目
		4		监控系统设施(含隧道监控、土建)	公路公里	按不同的内容划分细目
			1	监控中心/分中心/所设备	系统	
			2	监控外场设备	系统	
			3	数据与视频传输系统	系统	
			4	电源系统	系统	
			5	防雷接地系统	系统	
			6	光缆工程	km	
			7	电缆工程	km	
			8	隧道监控系统预留预埋	项	预算时需再细化
			9	系统联调及试运行	系统	
			10	监控系统设施主材费	项	
				…		
		5		主线供电、照明系统设施	公路公里	按不同的内容划分细目
			1	变电所设备安装	处	
			2	供电配套设备安装	项	
			3	照明设施安装	项	

DB 43/T 859—2014

（续前页）

项	目	节	细目	工程或费用名称	单位	备注
一			4	照明配套设施安装	项	
			5	电缆工程	km	
			6	电力监控系统	系统	
			7	预埋电力管道等	km	
			8	架空线	km	
			9	电力系统调试	系统	
			10	主线供电照明系统设施主材费	项	
				……		
				第二部分　设备及工具、器具购置费	公路公里	
				设备购置费	公路公里	
	1			需安装的设备	公路公里	
		1		监控系统设备	公路公里	按不同设备分别计算
			1	监控系统设备购置费	项	
			2	监控系统软件费	项	
		2		通信系统设备	公路公里	按不同设备分别计算
			1	通信系统设备购置费	项	
			2	通信系统软件费	项	
		3		收费系统设备	公路公里	按不同设备分别计算
			1	收费系统设备购置费	项	
			2	收费系统软件费	项	
		4		供电照明系统设备	公路公里	按不同设备分别计算
			1	主线供电照明系统设备购置费	项	
			2	隧道供电照明系统设备购置费	项	
			3	供电照明系统软件费	项	
		5		通风系统设备	公路公里	按不同设备分别计算
			1	隧道通风系统设备购置费	项	
	2			不需要安装的设备	公路公里	
		1		监控系统设备	公路公里	按不同设备分别计算
			1	监控系统备品备件费	项	
		2		通信系统设备	公路公里	按不同设备分别计算
			1	通信系统备品备件费	项	
		3		收费系统设备	公路公里	按不同设备分别计算
			1	收费系统备品备件费	项	
		4		供电照明系统设备	公路公里	按不同设备分别计算
			1	主线供电照明系统备品备件费	项	
			2	隧道供电照明系统备品备件费	项	
		5		隧道通风系统设备	公路公里	按不同设备分别计算
			1	隧道通风系统备品备件费	项	

37

(续前页)

项	目	节	细目	工程或费用名称	单位	备 注
		6		养护设备	公路公里	按不同设备分别计算
			1	养护及管理设备购置费	项	
				…		
二				工具、器具购置费	公路公里	
三				办公及生活用家具购置	公路公里	
				第三部分 工程建设其他费用	**公路公里**	
	二			建设项目管理费	公路公里	
		1		建设单位(业主)管理费	公路公里	
		2		工程监理费	公路公里	
		3		设计文件审查费	公路公里	
		4		竣(交)工验收试验检测费	公路公里	
三				研究试验费	公路公里	
	四			建设项目前期工作费	公路公里	
		1		设计费	项	
		2		招标文件编制费	项	
		3		预算编制费	项	
				…		
五				专项评价(估)费	公路公里	
六				施工机构迁移费	公路公里	
七				供电贴费	公路公里	目前暂不计列
八				联合试运转费	公路公里	
九				生产人员培训费	公路公里	
十				固定资产投资方向调节税	公路公里	目前暂不计列
十一				建设期贷款利息	公路公里	
				第一、二、三部分费用合计	**公路公里**	
				预备费	元	
				1.价差预备费	元	
				2.基本预备费	元	
				概(预)算总额	**元**	
				公路基本造价	公路公里	

注:机电工程概、预算项目表中各项为常见分项,具体可依据编制使用的程序或项目具体情况(如改造项目)酌情进行调整。

附 录 E
（规范性附录）
概（预）算表格样式

总概（预）算汇总表

建设项目名称：　　　　　　　　　　　　　　　　　　　　　第 页 共 页　01-1表

项次	工程或费用名称	单位	总数量	概（预）算金额（元）		技术经济指标	各项费用比例（％）	备注
					合计			

填表说明：1. 一个建设项目分若干单项工程编制概（预）算时，应通过本表汇总全部建设项目概（预）算金额；
2. 本表反映一个建设项目的各项费用组成、概（预）算总值和技术经济指标；
3. 本表"项次"、"工程或费用名称"、"单位"、"总数量"、"概（预）算金额"应由各单项或单位工程总概（预）算表（01表）转来，"目"、"节"可视需要增减，"项"应保留；
4. "技术经济指标"以各项概（预）算金额汇总合计除以相应总数量计算；"各项费用比例"以汇总的各项目概（预）算金额合计除以总概（预）算金额合计计算

编制：　　　　　　　　　　　　　　　　复核：

总概（预）算人工、主要材料、机械台班数量汇总表

建设项目名称：　　　　　　　　　　　　　　　　　　　　　第 页 共 页　02-1表

序号	规格名称	单位	总数量	编制范围				

填表说明：1. 一个建设项目分若干个单项工程编制概（预）算时，应通过本表汇总全部建设项目的人工、主要材料、机械台班数量；
2. 本表各栏数据均由各单项或单位工程概（预）算中的人工、主要材料、机械台班数量汇总表（02表）转来，"编制范围"指单项或单位工程

编制：　　　　　　　　　　　　　　　　复核：

总概(预)算表

建设项目名称:
编制范围: 第 页 共 页   01 表

项	目	节	细目	工程或费用名称	单位	数量	概(预)算金额(元)	技术经济指标	各项费用比例(%)	备注
			填表说明:1.本表反映一个单项或单位工程的各项费用组成、概(预)算金额、技术经济指标等; 2.本表"项"、"目"、"节"、"细目"、"工程或费用名称"、"单位"等应按概(预)算项目表的序列及内容填写。"目"、"节"、"细目"可视需要增减,但"项"应保留; 3."数量"、"概(预)算金额"由建筑工程费计算表(03表),设备、工具、器具购置费计算表(05表)、工程建设其他费用及回收金额计算表(06表)转来; 4."技术经济指标"以各项目概(预)算金额除以相应数量计算;"各项费用比例"以各项概(预)算金额除以总概(预)算金额计算							

编制: 复核:

人工、主要材料、机械台班数量汇总表

建设项目名称:
编制范围: 第 页 共 页   02 表

序号	规格名称	单位	总数量	分项统计	场外运输损耗	
					%	数量
		填表说明:1.本表各栏数据由分项工程概(预)算基础数据表(08表)经分析计算后统计而来; 2.发生的冬、雨季及夜间施工增工及临时设施用工,根据有关附录规定计算后列入本表有关项目内				

编制: 复核:

建筑安装工程费计算表

建设项目名称：
编制范围：　　　　　　　　　　　　　　　　　　　　　　　　　　第　页　共　页　　03表

序号	工程名称	单位	工程量	直接费(元)					间接费(元)	利润(元)费率%	税金(元)综合税率%	建筑安装工程费	
				直接工程费				其他工程费	合计				合计(元)	单价(元)
				人工费	材料费	机械使用费	合计							
1	2	3	4	5	6	7	8	9	10	11	12	13	14	15
				填表说明:本表各栏数据之间关系,5~7均由08表经经算转来;8=5+6+7;9=8×9的费率或(5+7)×9的费率;10=8+9;11=5×规费综合费率+10×企业管理费综合费率; 12=(10+11-规费)×12的费率;13=(10+11+12)×综合税率;14=10+11+12+13;15=14÷4												

编制：　　　　　　　　　　　　　复核：

其他工程费及间接费综合费率计算表

建设项目名称：
编制范围：　　　　　　　　　　　　　　　　　　　　　　　　　　第　页　共　页　　04表

序号	工程类别	其他工程费费率(%)										间接费费率(%)											
		冬季施工增加费	雨季施工增加费	夜间施工增加费	行车干扰工程施工增加费	施工标准化与安全措施费	临时设施费	施工辅助费	工地转移费	综合费率		规费						企业管理费				
										Ⅰ	Ⅱ	养老保险费	失业保险费	医疗保险费	住房公积金	工伤保险费	综合费率	基本费用	主副食运费补贴	职工探亲路费	财务费用	综合费率
1	2	3	4	5	6	7	8	9	10	11	12	13	14	15	16	17	18	19	20	21	22	23
		填表说明:本表应根据建设工程项目具体情况,按高速公路机电工程设计概预算编制办法有关规定填入数据计算,其中:11=3+4+5+7+8+9+10;12=6;18=13+14+15+16+17;23=19+20+21+22																						

编制：　　　　　　　　　　　　　复核：

设备、工具、器具购置费计算表

建设项目名称：
编制范围：　　　　　　　　　　　　　　　　　　　　　　　第 页 共 页　　05 表

序号	设备、工具、器具规格名称	单位	数量	单价(元)	金额(元)	说明
				填表说明:本表反映各分系统的设备购置费、软件费等，包括需要说明的有关问题。具体的设备、工具、器具购置清单(包括设备规格、单位、数量、单价)详见后面的交通工程设备、工具、器具购置费计算表		

编制：　　　　　　　　　　　　　　　　　　　　复核：

工程建设其他费用及回收金额计算表

建设项目名称：
编制范围：　　　　　　　　　　　　　　　　　　　　　　　第 页 共 页　　06 表

序号	费用名称及回收金额项目	说明及计算式	金额(元)	备注
		填表说明:本表应按具体发生的工程建设其他费用项目填写,需要说明和具体计算的费用项目依次相应在说明及计算式栏内填写或具体计算,各项费用具体填写如下： 1. 建设项目管理费包括建设单位(业主)管理费、工程监理费、设计文件审查费、竣(交)工验收试验检测费,按"建筑安装工程费×费率"或有关定额列式计算； 2. 研究试验费应根据设计需要进行研究试验的项目分别填写项目名称及金额,或列式计算或进行说明； 3. 建设项目前期工作费按国家有关规定填入本表,列式计算； 4. 其余有关工程建设其他费用的填入和计算方法,根据规定依此类推		

编制：　　　　　　　　　　　　　　　　　　　　复核：

人工、材料、机械台班单价汇总表

建设项目名称：
编制范围：　　　　　　　　　　　　　　　　　　　　第　页　共　页　　07 表

序号	名称	单位	代号	预算单价(元)	备注	序号	名称	单位	代号	预算单价(元)	备注

填表说明：本表预算单价主要由材料预算单价计算表(09 表)和机械台班单价计算表(11 表)转来

编制：　　　　　　　　　　　　　　　　复核：

交通工程机电工程主要材料、设备、工具、器具购置费汇总表

建设项目名称：
编制范围：　　　　　　　　　　　　　　　　　　　　　　　　　　A 表

序号	工程和费用名称	分项费用(元)				总计	附注
		需要安装的设备	安装工程主材费	不需要安装的设备和工器具	软件	人民币(元)	
1	2	3	4	5	6	7	8
一	××机电设备及主材小计						
1	××系统						
2	××系统						
3	××系统						
	…						
	合计						

填表说明：1. 本表反映各分系统的需要安装的设备购置费、不需要安装的设备和工器具费、安装工程主材费、软件费、小计以及所有系统总和；
2. 表中 7 = 3 + 4 + 5 + 6；
3. 表中附注 8 这一列填写总计 7 的技术经济指标

编制：　　　　　　　　　　　　　　　　复核：

各系统交通工程设备、工具、器具购置费计算表

建设项目名称：
单项工程：

B 表

序号	设备、工具、器具名称	规格或型号	单位	数量	单价（元）	合计（元）	备注
		填表说明：1. 本表应根据具体的设备清单进行计算，包括设备规格、单位、数量、单价以及需要说明的有关问题；					
		2. 本表中各套设备单价为原价，在表中最后还需综合计算运杂费、运输保险费及采购及保管费，计算方法见编制办法；					
		3. 数量×单价＝合计					

编制：　　　　　　　　　　　　　　　　复核：

各系统交通工程建筑安装工程主要材料费计算表

建设项目名称：
单项工程：

C 表

序号	材料名称	规格程式	单位	数量	单价（元）	合计（元）	备注
		填表说明：1. 本表应根据具体的主材清单进行计算，包括主材规格、单位、数量、单价以及需要说明的有关问题；					
		2. 本表中各主材单价为原价，在表中最后还需综合计算运杂费、运输保险费及采购及保管费，计算方法见编制办法；					
		3. 数量×单价＝合计					

编制：　　　　　　　　　　　　　　　　复核：

DB 43/T 859—2014

建筑安装工程费计算数据表

建设项目名称：　　　　编制范围：　　　　数据文件编号：　　　　公路等级：
路线或桥梁长度(km)：　路基或桥梁宽度(m)：　第　页　共　页　　08-1 表

项的代号	本项目数	目的代号	本目节数	节的代号	本节细目数	细目的代号	费率编号	定额个数	定额代号	项或目或节或细目或定额的名称	单位	数量	定额调整情况

填表说明：1. 本表应逐行从左到右横向跨栏填写；
2. "项"、"目"、"节"、"细目""定额"等的代号应根据实际需要按本办法附录 D "机电工程概、预算项目表"及现行《高速公路机电工程概算定额》、《高速公路机电工程预算定额》，现行《公路工程概算定额》（JTG/T B06-01）、《公路工程预算定额》（JTG/T B06-02）的序列及内容填写；
3. 本表主要是为利用计算机软件编制概、预算提供基础数据，具体填表规则由软件用户手册详细制定

编制：　　　　　　　　　　　　　　　　　　复核：

分项工程概(预)算表

编制范围：
工程名称：　　　　　　　　　　　　　　　　　　　第　页　共　页　08-2 表

编号	工程项目					合　计							
	工程细目												
	定额单位												
	工程数量												
	定额表号												
	工、料、机名称	单位	单价(元)	定额	数量	金额(元)	定额	数量	金额(元)	定额	数量	金额(元)	数量	金额(元)
1	人工	工日												
2	…													
	定额基价	元		填表说明：1. 本表按具体分项工程项目数量、对应概（预）算定额子目填写，单价由 07 表转来，金额 = 工、料、机各项的单价×定额×数量； 2. 其他工程费按相应项目的直接工程费或人工费与施工机械使用费之和×规定费率计算； 3. 规费按相应项目的人工费×规定费率计算； 4. 企业管理费按相应项目的直接费×规定费率计算； 5. 利润按相应项目的(直接费+间接费－规费)×利润率计算； 6. 税金按相应项目的(直接费+间接费+利润)×税率计算										
	直接工程费	元											
	其他工程费 Ⅰ	元											
	其他工程费 Ⅱ	元											
	间接费 规费	元											
	间接费 企业管理费	元											
	利润及税金	元												
	建筑安装工程费	元												

编制：　　　　　　　　　　　　　　　　　　复核：

45

材料预算单价计算表

建设项目名称：
编制范围：   第 页 共 页   09 表

序号	规格名称	单位	原价(元)	运杂费					原价运费合计(元)	场外运输损耗		采购及保管费		预算单价(元)
				供应地点	运输方式、比重及运距(km)	毛重系数或单位毛重	运杂费构成说明或计算式	单位运费(元)		费率(%)	金额(元)	费率(%)	金额(元)	
				填表说明：1. 本表计算各种材料自供应地点或料场至工地的全部运杂费与材料原价及其他费用组成预算单价；									
				2. 运输方式按火车、汽车、船舶等及所占运输比重填写；									
				3. 毛重系数、场外运输损耗、采购及保管费按规定填写；									
				4. 根据材料供应地点、运输方式、运输单价、毛重系数等，通过运杂费构成说明或计算式，计算得出材料单位运费；									
				5. 材料原价与单位运费、场外运输损耗、采购及保管费组成材料预算单价；									
				6. 本表为土建类材料预算单价									

编制：   复核：

机械台班单价计算表

建设项目名称：
编制范围：   第 页 共 页   11 表

序号	定额号	机械规格名称	台班单价(元)	不变费用(元)	可变费用(元)									养路费及车船税	合计
				调整系数：	人工：(元/工日)		汽油：(元/kg)		柴油：(元/kg)		……			
				定额	调整值	定额	金额	定额	金额	定额	金额	定额	金额		
				填表说明：1. 本表应根据公路工程机械台班费用定额进行计算，不变费用如有调整系数，应填入调整值；可变费用各栏填入定额数量；											
				2. 人工、动力燃料的单价由材料预算单价计算表(09表)中转来											

编制：   复核：

DB 43/T 859—2014

附 录 F
（规范性附录）
机电工程清单样表

项目号	工程或费用名称	单位	数量	建安单价	设备单价	单价小计	金额
1	100 章至 900 章合计						
100 章	100 章总则工程量清单						
101	概述						
101－4	保险费						
101－4－1	建筑工程一切险						
101－4－2	第三方责任险						
103	工程管理费						
103－2	施工环保费						
103－3	安全生产费						
103－4	工程管理软件费（暂估价）						
108	联合施工图设计						
108－1	承包人组织联合施工图设计						
108－2	设计单位完善施工图设计						
110	进驻工地						
110－2	施工临时用电						
110－3	承包人驻地建设费						
115	工厂测试与监造						
118	机电设备的安装与调试						
118－1	机电设备单机安装调试						
118－2	分系统调试及系统的联调						
120	试运转						
121	竣工资料						
125	技术培训						
125－1	高级管理人员培训费						
125－2	中级技术人员培训费						
125－3	初级操作人员培训费						
200 章	200 章 监控系统工程量清单						
300 章	300 章 通信系统工程量清单						

47

(续前页)

项目号	工程或费用名称	单位	数量	建安单价	设备单价	单价小计	金额
400章	400章 收费系统工程量清单						
500章	500章 供配电系统工程量清单						
600章	600章 照明系统工程量清单						
700章	700章 隧道通风系统工程量清单						
800章	800章 网络平台和网管、网络安全系统工程量清单						
900章	900章 其他系统工程量清单						
9	已包含在清单合计中的材料、工程设备、专业工程暂估价合计						
10	清单合计减去材料、工程设备、专业工程暂估价合计						
11	计日工合计						

注:机电工程清单样表中各项为常见项,具体可根据编制使用的程序、招标文件、湖南省高速公路机电工程施工招标文件技术规范通用本和项目具体情况酌情进行调整。

附 录 G
（规范性附录）
清单预算表格样式

工程量清单预算汇总表

合同段：　　　　　　　　　　　　　　　　　　　　　　　　　　　　　　标表1

序 号	科 目 名 称	金 额
1	100章总则　工程量清单	
	…	
10	第100章至第　章合计	
11	已包含在清单合计中的材料、工程设备、专业工程暂估价合计	
12	清单合计减去材料、工程设备、专业工程暂估价合计	
13	计日工合计	
14	暂列金额（不含计日工总额）	
15	清单预算总价	
	填表说明：1. 一个合同段工程量清单分若干章节，编制预算时，应通过本表汇总全部清单预算金额； 2. 本表反映一个合同段的各章费用组成、清单预算总额； 3. 材料、工程设备、专业工程暂估价已包括在清单合计中，不应重复计入清单预算总价； 4. 10－11＝12； 5. 10＋13＋14＝15	

清单 第 页 共 页

工 程 量 清 单 表

合同段：　　　　　　　　　　　　　　　　　　　　　　　　　　　　　　标表2

子目号	工程或费用名称	单 位	数 量	建安单价	设备单价	单价小计	合价金额
	填表说明：1. 本表反映该合同段每一章的各项费用组成、各章清单预算总金额； 2. 本表反映各细目或子目的数量、建安单价、设备单价、单价小计、合价金额； 数量×单价小计＝合价金额 建安单价＋设备单价＝单价小计						

××工程量清单　合计　人民币　　　元

清单 第 页 共 页

DB 43/T 859—2014

总 预 算 表

建设项目名称：
编制范围：
第 页 共 页　　01表

项	目	节	细目	工程或费用名称	单位	数量	预算金额（元）	技术经济指标	各项费用比例(%)	备注

填表说明：1. 本表反映一个合同段的各项费用组成、预算金额、技术经济指标等；
2. 本表"项"、"目"、"节"、"细目"、"工程或费用名称"、"单位"等应按清单预算项目表和工程量清单的序列及内容填写。"目"、"节"、"细目"可视需要增减，但"项"应保留；
3. "技术经济指标"以各项目预算金额除以相应数量计算；"各项费用比例"以各项预算金额除以总清单预算金额计算

编制：　　　　　　　　　　　　　　　　　　复核：

主要工料机用量分析表

合同段：
工料机名称：　　　　　　　　　　　　　　　　单位：　　　　　　　标表5

细目编号	项目名称	单 位	数 量	定 额	用量

填表说明：1. 本表各栏数据由分项工程预算基础数据表（08-2表）经分析计算后统计而来；
2. 本表反映了各工程细目中某种工料机具体用量；
3. 每页主要工料机用量分析表中工料机名称只为一种具体的人工、材料或机械名称。表头的单位为该工料机单位；
4. 表中项目名称为具体的细目或子目的名称，单位和数量为对应细目的单位和数量；
5. 表中每个细目的用量为所用定额的所有该种工料机的用量之和；
6. 表中定额 = 用量 ÷ 数量

合计用量：

第 页 共 页

单价分析表(03表格式)

合同段： 货币单位:人民币(元) 标表4-1

编号	项目名称	单位	工程量	人工费	材料费	机械费	工料机合计	综合费费率(%)	综合费	摊消费	合计	单价
1	2	3	4	5	6	7	8	9	10	11	12	13

填表说明:1. 表中合计(12)为各细目或子目的综合总价(含设备费和主材费);
2. 本表各栏数据之间关系,5~8均由08-2表经计算转来;8 = 5 + 6 + 7;
3. 10 = 12 - 8;
4. 9 = 10 ÷ 8 × 100;
5. 13 = 12 ÷ 4

第 页 共 页

工程细目单价构成分析表

合同段编号： 第 页 共 页 15表

细目号	细目名称	定额表号	单位	工程数量	工序单价(元)

填表说明:1. 本表反映了工程细目单价的具体构成;
2. 工程细目的工序单价由构成细目的各子目金额求和后反算得到

编制： 复核：

其他工程费及间接费综合费率计算表

建设项目名称：
编　制　范　围：　　　　　　　　　　　　　　　　　　　　　　第　页　共　页　　04表

序号	工程类别	其他工程费费率(%)											间接费费率(%)										
		冬季施工增加费	雨季施工增加费	夜间施工增加费	行车干扰工程施工增加费	施工标准化与安全施工措施费	临时设施费	施工辅助费	工地转移费	综合费率		规费						企业管理费			
										Ⅰ	Ⅱ	养老保险费	失业保险费	医疗保险费	住房公积金	工伤保险费	综合费率	基本费用	主副食运费补贴	职工探亲路费	财务费用	综合费率
1	2	3	4	5	6	7	8	9	10	11	12	13	14	15	16	17	18	19	20	21	22	23
				填表说明：本表应根据建设工程项目具体情况，按湖南省高速公路机电工程设计概预算编制办法有关规定填入数据计算。其中：11 = 3 + 4 + 5 + 7 + 8 + 9 + 10；12 = 6；18 = 13 + 14 + 15 + 16 + 17；23 = 19 + 20 + 21 + 22																			

编制：　　　　　　　　　　　　　　　　　　　　　　复核：

材　料　暂　估　价　表

建设项目名称：
编　制　范　围：　　　　　　　　　　　　　　　　　　　　　　第　页　共　页

序　号	名　　称	单　位	数　　量	单　价	合　价	备　注
		填表说明：1. 本表反映了发包人在工程量清单中给定的用于支付必然发生但暂时不能确定价格的材料的金额； 2. 合价 = 数量 × 单价					
						小计：

编制：　　　　　　　　　　　　　　　　　　　　　　复核：

工程设备暂估价表

建设项目名称：
编制范围：　　　　　　　　　　　　　　　　　　第 页 共 页

序号	名称	单位	数量	单价	合价	备注

填表说明：1. 本表反映了发包人在工程量清单中给定的用于支付必然发生但暂时不能确定价格的设备的金额；
2. 合价＝数量×单价

小计：

专业工程暂估价表

建设项目名称：
编制范围：　　　　　　　　　　　　　　　　　　第 页 共 页

序号	专业工程名称	工程内容	金额

填表说明：本表反映了发包人在工程量清单中给定的用于支付必然发生但暂时不能确定价格的专业工程的金额

小计：

人工、材料、机械台班单价汇总表

建设项目名称：
编 制 范 围：   第 页 共 页   07表

序号	名称	单位	代号	预算单价(元)	备注	序号	名称	单位	代号	预算单价(元)	备注
				填表说明:本表预算单价主要由材料预算单价计算表(09表)和机械台班单价计算表(11表)转来							

编制：   复核：

机电工程专用材料预算单价计算表

建设项目名称：
编 制 范 围：

序号	材料名称	规格程式	单位	原价(元)	运杂费费率(%)	保险费费率(%)	采购及保管费费率(%)	材料购置费(元)
1	2	3	4	5	6	7	8	9
			填表说明:1. 本表反映了机电工程专用材料的预算单价；					
			2. 本表应根据建设工程项目具体情况,按高速公路机电工程概预算编制办法及定额有关规定填入运杂费费率、运输保险费费率、采购及保管费费率等数据计算；					
			3. 材料购置费 = 原价 + 运杂费 + 运输保险费 + 采购及保管费 = 原价 + 原价×运杂费费率 + 原价×运输保险费费率 + 原价×采购及保管费费率 即 9 = 5 + 5 × (6 + 7 + 8) ÷ 100					

编制：   复核：

建筑安装工程费计算数据表

建设项目名称：　　　　　编制范围：　　　　　数据文件编号：　　　公路等级：
路线或桥梁长度(km)：　　路基或桥梁宽度(m)：　　第　页　共　页　08-1表

项的代号	本项目数	目的代号	本目节数	节的代号	本节细目数	细目的代号	费率编号	定额个数	定额代号	项或目或节或细目或定额的名称	单位	数量	定额调整情况

填表说明：1. 本表应逐行从左到右横向跨栏填写；
2. "项"、"目"、"节"、"细目"、"定额"等的代号应根据实际需要按本办法附录F"机电工程清单预算项目表"、《湖南省高速公路机电工程施工招标文件技术规范通用范本》及《湖南省高速公路机电工程预算定额》的序列及内容填写；
3. 本表主要是为利用计算机软件编制清单预算提供基础数据，具体填表规则由软件用户手册详细制定

编制：　　　　　　　　　　　　　　　　复核：

分项工程预算表

编制范围：
工程名称：　　　　　　　　　　　　　　　　第　页　共　页　08-2表

编号	工程项目										合计	
	工程细目											
	定额单位											
	工程数量											
	定额表号											
	工料机名称	单位	单价(元)	定额	数量	金额(元)	定额	数量	金额(元)	数量	金额(元)	
1	人工	工日									
2	…										
	定额基价	元									
	直接工程费	元									
	其他工程费 Ⅰ	元									
	其他工程费 Ⅱ	元									
	间接费 规费	元									
	间接费 企业管理费	元									
	利润及税金	元									
	建筑安装工程费	元									

填表说明：1. 本表按具体分项工程项目数量、对应预算定额子目填写，单价由07表转来，金额＝工、料、机各项的单价×定额×数量；
2. 其他工程费按相应项目的直接工程费或人工费与施工机械使用费之和×规定费率计算；
3. 规费按相应项目的人工费×规定费率计算；
4. 企业管理费按相应项目的直接费×规定费率计算；
5. 利润按相应项目的(直接费＋间接费－规费)×利润率计算；
6. 税金按相应项目的(直接费＋间接费＋利润)×税率计算

编制：　　　　　　　　　　　　　　　　复核：

材料预算单价计算表

建设项目名称：
编 制 范 围：　　　　　　　　　　　　　　　　　　　　　第 页 共 页　　09 表

序号	规格名称	单位	原价(元)	运杂费					原价运费合计(元)	场外运输损耗		采购及保管费		预算单价(元)
				供应地点	运输方式、比重及运距(km)	毛重系数或单位毛重	运杂费构成说明或计算式	单位运费(元)		费率(%)	金额(元)	费率(%)	金额(元)	
							填表说明：1. 本表反映了土建类材料的预算单价计算过程； 2. 本表计算各种材料自供应地点或料场至工地的全部运杂费与材料原价及其他费用组成预算单价； 3. 运输方式按火车、汽车、船舶等及所占运输比重填写； 4. 毛重系数、场外运输损耗、采购及保管费按规定填写； 5. 根据材料供应地点、运输方式、运输单价、毛重系数等，通过运杂费构成说明或计算式，计算得出材料单位运费； 6. 材料原价与单位运费、场外运输损耗、采购及保管费组成材料预算单价						

编制：　　　　　　　　　　　　　　　　　　复核：

机械台班单价计算表

建设项目名称：
编 制 范 围：　　　　　　　　　　　　　　　　　　　　　第 页 共 页　　11 表

序号	定额号	机械规格名称	台班单价(元)	不变费用(元) 调整系数：		可变费用(元)								车船税	合计
						机械工		汽油		柴油		...			
						元/工日		元/kg		元/kg						
				定额	调整值	定额	费用	定额	费用	定额	费用	定额	费用		
						填表说明：1. 本表应根据公路工程机械台班费用定额进行计算。不变费用如有调整系数，应填入调整值；可变费用各栏填入定额数量； 2. 人工、动力燃料的单价由材料预算单价计算表(09表)中转来									

编制：　　　　　　　　　　　　　　　　　　复核：